Vorwort

Der Naturpark Südschwarzwald ist eine der schönsten Erholungsregionen Deutschlands. Diese Landschaft wurde vor allem von Schwarzwaldbauern durch eine jahrhundertelange bäuerliche Bewirtschaftung geschaffen und geprägt. Auf 118 Kilometern verläuft der Schluchtensteig von Stühlingen durch die Wutachschlucht nach Lenzkirch und zum Schluchsee. Er streift den Dom zu St. Blasien, führt hinauf nach Dachsberg und schlängelt sich von Todtmoos durch das Wehratal bis zum Ziel in Wehr. Auf diesem Wanderweg wechseln sich Schluchten und Klammen, Wasserfälle und Seen, Blumenwiesen und Weidefelder in bunter Vielfalt ab. Die Illusion, der Weg verlaufe nur im Tal, müssen Sie bald aufgeben, denn in schöner Regelmäßigkeit werden Höhenzüge, Berggipfel und Aussichtspunkte angesteuert. Die Fernsicht ist grandios, mal grüßt der Feldberg – dann reicht der Blick bis in die Schweizer Alpen.

Präzise Karten, genaue Streckenbeschreibungen, zahlreiche Stadt- und Ortspläne, Hinweise auf das kulturelle und touristische Angebot der Region und ein umfangreiches Übernachtungsverzeichnis – in diesem Buch finden Sie alles, was Sie zu einer Wanderung entlang des Schluchtensteiges brauchen – außer gutem Wetter, das können wir Ihnen nur wünschen.

Zeichenerklärung

* in Auswahl

Wanderweg auf Hartbelag
z. B.: befestigter Fußweg • ruhige Anliegerstraße

Spazierweg, Wanderweg
breiter, gut begehbarer Weg
z. B.: Wald- und Forstweg

Wandersteig, Pfad
schmaler Weg/Pfad • Wiesenweg

Klettersteig, Kletterstelle
- schwierige Stelle
- Trittsicherheit erforderlich
- Leiter

Verkehrsreicher Abschnitt
- Strecke auf oder direkt an Straße mit starker Verkehrsbelastung

Variante, Alternativstrecke
z. B.: Ausflüge • Abkürzungen • Ein- oder Ausstiege • alternative Hauptroute

Sonstige Wanderwege
- kreuzende Fernwanderwege • nachträgliche, von uns nicht geprüfte Wege

Wanderweg geplant

Wanderweg gesperrt

Tunnelstrecke, Unterführung

Fährverbindung

5 **Wegpunkt** (waypoint)

Gefahrenstelle (dangerous section)

Text beachten (read text carefully)

Treppe (stairs)

Etappenanfang, -ende
(stagebeginning, - end)

Touristinformation (tourist information)
Hotel, Pension (hotel,guesthouse)
Jugendherberge (youth hostel)
Campingplatz (camping site)
Zeltplatz (simple tent site)
Gasthaus (restaurant)
Einkaufsmöglichkeit (shop)
Kiosk (kiosk)
Erlach **sehenswerter Ort** (picturesque town)
Einrichtung im Ort vorhanden (facilities available)
sehenswerte Kirche, Kloster (remarkable church, monastery)
sehenswertes Schloss, Burg (remarkable palace, castle)
sehenswerte Ruine (remarkable ruin)
sonstige Sehenswürdigkeit (other place of interest)
Museum (museum)
Ausgrabungsstätte (excavation)
Tierpark (zoo)
Naturpark, -denkmal (nature reserve, natural monument)
Aussichtspunkt (panoramic view)
Rastplatz (resting place)
Unterstand (covered stand)
Schutzhütte (shelter, hut, refuge)
Wanderparkplatz (parking lot)
Brunnen* (fountain)
Freibad (outdoor swimming pool)
Hallenbad (indoor swimming pool)
Bushaltestelle* (busstop)

Maßstab 1 : 35.000

1 cm ≙ 350 m 1 km ≈ 2,9 cm

0 1 2 3 k

Hikeline

Sabine Malecha / Joachim Lutz

Fernwanderweg Schluchtensteig®

Quer durch den Naturpark Südschwarzwald

Esterbauer

Sabine Malecha, Joachim Lutz
Hikeline®-Wanderführer
Schluchtensteig®

A-3751 Rodingersdorf, Hauptstr. 31
Tel.: +43/2983/28982-0, Fax: -500
E-Mail: hikeline@esterbauer.com
www.esterbauer.com

1. Auflage, Sommer 2010
ISBN: 978-3-85000-525-8

Bitte geben Sie bei jeder Korrespondenz die Auflage und die ISBN an!

Schluchtensteig ist eine geschützte Wort-Bildmarke des Landkreises Waldshut/Südschwarzwald.

Erstellt in Kooperation mit der Redaktion der Zeitschrift Wandermagazin.

Dank an alle, die uns bei der Erstellung dieses Buches tatkräftig unterstützt haben.
Das Hikeline-Team: Heidi Authried, Beatrix Bauer, Markus Belz, Michael Bernhard, Michael Binder, Veronika Bock, Sandra Eisner, Roland Esterbauer, Melanie Grubmüller, Dagmar Güldenpfennig, Carmen Hager, Heidi Huber, Martina Kreindl, Eveline Müllauer, Gregor Münch, Karin Neichsner, Niki Nowak, Julia Pelikan, Petra Riss, Christian Schlechte, Erik Schmidt, Mandy Schwalbe, Michael Smogavetz, Matthias Thal, Martin Wischin, Wolfgang Zangerl.

Umschlagbild:
Schluchtensteig/Schwarzwald, Bichler
Bildnachweis:
Tourist-Information Bonndorf: S. 44; Tourist-Information Schluchsee: S. 89; Sabine Malecha, Joachim Lutz: alle anderen

Kartografie erstellt mit axpand (www.axes-systems.com)
041hhmb

Kirche (church)
Kloster (monastery)
Kapelle (chapel)
Schloss, Burg (castle)
Ruine (ruine)
Turm (tower)
Funk-, Sendeanlage (TV/radio tower)
Kraftwerk (power station)
Umspannwerk, Trafostation (transformer)
Windmühle (windmill)
Windkraftanlage (wind power station)
Bergwerk (mine)
Wegkreuz (wayside cross)
Gipfelkreuz (peak)
Leuchtturm (lighthouse)
Sportplatz, Stadion (sports field, stadium)
Denkmal (monument))
Flughafen (airport, airfield)
Quelle (natural spring)
Kläranlage (purification plant)
Schiffsanleger (boat landing)
historischer Grenzstein, Römerstein (historical boundary stone, roman stone)
Grabanlage, Hügelgrab (gravemound, tumulus)
Parkplatz (parking lot)
Parkhaus/Tiefgarage (garage)
Post* (post office)
Apotheke* (pharmacy)
Krankenhaus (hospital)
Feuerwehr (fire-brigade)
Polizei (police)
Theater* (theatre)

Wald (forest)
Wiese, Weide (meadows)
Fels (rock, cliff)
Nassfläche, Sumpf, Moor (marshy ground,)
Weingarten (vineyard)
Friedhof (cemetary)
Garten (garden)
Sand, Düne (sand, dunes)

Siedlungsfläche
Öffentliche Gebäude
Industriegebiet

See / Staudamm / Fluss(lake, dam, river)
Kanal (ditch, drain)
A13 **Autobahn** (highway)
B12 **Schnellverkehrsstraße** (motorway)
B236 **Fernverkehrsstraße** (major road)
Hauptstraße (main road)
Straße (road)
Nebenstraße (minor road)
Fahrweg (carriageway)
Pfad (footpath)
Eisenbahnlinie / Bahnhof (railway, -station)
Fähre (ferry)
Staatsgrenze / Grenzübergang (state frontier, border, -crossing-point)
Landesgrenze (national boundary)
Kreisgrenze, Bezirksgrenze (district boundary)
700 **Höhenlinie 100m** (contour line 100m)
Höhenlinie 20m (contour line 20m)
Damm (dam, dyke)
318 5242 **Kilometerraster mit UTM-Koordinaten**

Inhalt

Die Autoren

Sabine Malecha, 1963 in Stuttgart geboren, wurde schon von Kindesbeinen immer zum Wandern mitgenommen. Seit mehr als 25 Jahren begleitet Sie Gäste auf Wander- und Studienreisen. Als DAV Wanderleiterin bringt Sie auch den sportfachlichen Input mit. Sie arbeitet als freie Mitarbeiterin für namhafte Wanderzeitungen.

Joachim Lutz, 1953 in Ludwigsburg geboren, teilt nicht nur die Liebe zum Wandern mit Sabine Malecha. Er genießt es, in den Bergen unterwegs zu sein – je schroffer, desto besser –, aber er liebt auch die Schönheiten der deutschen Mittelgebirgsregionen. Sein Rucksack wiegt gut einmal mehr als 10 kg, selbst bei Tagestouren, was mit seiner Passion als Fotograf zu tun hat.

Schluchtensteig

Nahezu unberührte Natur steht im Mittelpunkt dieses Wandererlebnisses; Natur, die sich meist durch Wald und Wasser, aber auch durch manch offene Hochweide, Felskuppen sowie eine reiche Flora und Fauna präsentiert. Schluchten und Klammen, Wasserfälle und Seen, Hochmoore und Blumenwiesen, leuchtend grüne Urwälder und dunkle Tannenforste säumen den Qualitätsweg zwischen den Flüssen Wutach und Wehra. Er ist kein Talweg entlang der Flussauen – ganz im Gegenteil. Immer wieder werden Felskanzeln und Berggipfel angesteuert. Dann öffnen sich die Blicke. Mal grüßt der Feldberg über den bewaldeten Schwarzwaldbergen, dann sind es die Berge der Schweizer Alpen. Ab und an führt der Weg an netten Schwarzwaldhöfen und kulturellen Schätzen wie am Dom von St. Blasien vorbei.

Das Schöne am Schluchtensteig ist seine Etappenvielfalt. Kein Tag ist wie der andere, jede Etappe bietet neue Entdeckungen und neue Landschaften. Viele seltene und geschützte Tier- und Pflanzenarten haben in den Schluchten des Südschwarzwalds einen idealen Lebensraum gefunden. Die Palette reicht vom Apollofalter bis zum Wespenbussard, von den seltenen Aspis-

In der Hohenwehrschlucht

vipern bis zu Bibern, Luchsen, Gämsen und Hirschen. Botanische Highlights wie Felsennelke, Orchidee, Türkenbund oder Silberblatt blühen am Wegesrand. Auch die Wutachschlucht zeigt völlig unterschiedliche Profile. Zu Beginn begegnen Sie den Wutachflühen mit üppiger Urwaldflora, dann Wasserfällen und später wilden Felsklammen.
Ziel des Projekts „Schluchtensteig Schwarzwald" war es, die charakteristischen und einzigartigen Landschaftsformen des Südlichen Schwarzwalds zu verbinden. Der Schluchtensteig ist ein weiterer Schritt hin zu einer Aufwertung des Wanderangebots im Naturpark Südschwarzwald und damit auch der Ferienorte im Landkreis Waldshut. Er wurde als Kooperationsprojekt mit allen Gemeinden entlang der Wanderroute, dem Schwarzwaldverein, dem Naturpark Südschwarzwald und der Schwarzwald Tourismus GmbH konzipiert.

Streckencharakteristik

Länge, Höhenmeter und Etappen

Der Schluchtensteig verläuft über 118 Kilometer von Stühlingen nach Wehr und gliedert sich in sechs Etappen, wobei jede Etappe ungefähr 20 Kilometer lang ist. Der niedrigster Punkt liegt auf 346 Meter, der höchster Punkt auf 1.160 Meter ü. NN. Die Aufstiege mit mehr als 2.500 Höhenmetern in sechs Tagen setzen eine gewisse Kondition voraus.
51,3 % der Gesamtstrecke legen Sie auf naturbelassenen Wegen zurück; auf Asphalt verlaufen nur 16,4 %.

Wegweisung

Die 118 Kilometer lange Route des Schluchtensteigs ist durchgängig an allen Hinweistafeln mit dem Schluchtensteigsymbol markiert. In den Zwischenabschnitten folgt man dem Rautezeichen auf dem Hinweisschild, meist ist dies die gelbe Raute. In einzelnen Abschnitten wechselt aber das Wanderzeichen (blaue Raute, gelb-rote Raute usw). Ab 2010 weist auf der gesamten Strecke die „Schluchtensteig-Raute" dem Wanderer zuverlässig den Weg.

Ausstattung

Entlang des Schluchtensteigs sind meist reichlich Möglichkeiten für eine Rast zu finden. Von Etappe zu Etappe gibt es aber unterschiedlich viele Rastplätze und Schutzhütten. Einzelne Rastbänke sind immer wieder anzutreffen – abgesehen von den Schluchtenabschnitten. Eine Sitzunterlage (Sitzkissen) ist zu empfehlen, denn viele Steine und Bänke, die zum Verweilen einladen, sind oftmals feucht. Einkehrmöglichkeiten sind in den einzelnen Etappen beschrieben – bitte achten Sie auf die Ruhetage. Ob eine Vesper im Unterkrummenhof oder ein Stück Schwarzwälder Kirschtorte in Lenzkirch, die kulinarischen Versuchungen sind vielfältig. Trotzdem sollten Sie immer etwas Obst und Energieriegel dabei haben. Auf der ersten, zweiten und auf der sechsten Etappe finden Sie wenige Kilometer nach dem Start und dann erst wieder am Ende eine Einkehrmöglichkeit. Auch bei der vierten Etappe gibt es keine regelmäßige Stärkung in Gasthäusern. Daher empfiehlt es sich, bei diesen Strecken unbedingt Rucksackvesper einzupacken.
Einen ganz besonderen Rastplatz gibt es auf der zweiten Etappe. In der Blumberger Straße, bei Kilometer 2,8, hat ein freundlicher Pilgerwanderer eine Wanderraststätte eingerichtet, an der es kostenlos (oder gegen eine freiwillige Spende für eine Hilfsaktion in Tibet) Getränke gibt. Entlang des Schluchtensteigs finden Sie immer wieder Überraschungen – ob kulinarisch, botanisch oder geologischer Art. Manchmal gibt es Informationstafeln, die die regionalen Besonderheiten und spezielle Zusammenhänge erläutern.

Anforderungen

Der jüngste Fernwanderweg des Schwarzwaldes verlangt eine gewisse Kondition und Trittsicherheit. Er ist kein Weg für reine Spaziergänger. Schmale Pfade und wilde Steige wechseln sich mit bequemen Wegabschnitten ab. Sie sollten den Weg in sechs Etappen gehen – es gibt zwar auch eine 5-Tagesvariante, die wir jedoch nicht empfehlen, da immer wieder größere Höhenunterschiede zu überwinden sind. Es gibt so viel zu entdecken am Weg – lassen Sie sich Zeit. Immer wieder kann man in Bächen und Flüssen am Ende der Tour auch seine Füße baumeln lassen. Nehmen Sie auch einen Windschutz mit, da auf den Hochflächen ein frischer Wind wehen kann und man aufgrund der steileren Aufstiege eventuell verschwitzt ankommt. Wir empfehlen unbedingt Wanderschuhe mit Profilsohle und eventuell Wanderstöcke. Ein Tagesrucksack und ausreichend Getränke sind immer mitzunehmen.

Wandern mit Kindern

Für größere Kinder ist der Schluchtensteig ein idealer Wanderweg. Wasserfällen und tosende Flüsse, Leitern und Steige, Burgen und Aussichtstürme, Panoramatafeln und Kletterfelsen bieten jede Menge Abwechslung.

Tourenplanung

Infostelle

Schwarzwald Tourismus GmbH, Schwenningerstr. 3, D-78048 Villingen-Schwenningen, ✆ 07721/846410,
Fax: 07721/846411, service@schwarzwald-tourismus.info,
www.schwarzwald-tourismus.info

Internetadresse zum Schluchtensteig

www.schluchtensteig.de

An- und Abreise mit der Bahn

Infostellen

Reise Service Deutsche Bahn AG: ✆ 01805/996633 (€ 0,14/ Min. aus dem Festnetz, Tarif bei Mobilfunk ggf. abweichend), Mo-So 8-20 Uhr, Auskünfte über Zugverbindungen, Fahrpreise im In- und Ausland, Buchung von Tickets und Reservierungen, www.bahn.de

Automatische DB-Fahrplanauskunft: ✆ 0800/1507090 (gebührenfrei aus dem Festnetz), ✆ 0180/5221100 (gebührenpflichtig aus dem Mobilfunknetz, den jeweiligen Tarif erfahren Sie bei Ihrem Netzbetreiber)

Mit der Bahn können Sie beispielsweise von Stuttgart über Singen nach Waldshut (ca. 3 Stunden) bzw. von Karlsruhe über Basel bis Waldshut (ca. 2 Stunden, 20 Minuten) fahren.

In die Orte abseits der Bahnlinien fahren die Busse der Südbaden-Busgesellschaft (www.suedbadenbus.de).

Mit Bus und Bahn entlang der Strecke

Die KONUS-Gästekarte hilft beim Sparen. Wer beim Einsteigen in Bus oder Bahn die KONUS-Gästekarte vorzeigt, hat damit freie Fahrt für sich und seine Miturlauber in 10 Verkehrsverbünden im gesamten Schwarzwald. Mehr als 4.000 Gastgeber in der Ferienregion ermöglichen ihren Gästen die freie Fahrt mit Bus und Bahn. Bei Ihrer Anmeldung in den Urlaubsorten im Schwarzwald erhalten Sie von ihrem Gastgeber die KONUS-Gästekarte (Kurkarte), die Sie gleich als Fahrschein nutzen können.

Sie können Ihre Fahrten auch online planen. Die elektronische Fahrplanauskunft Baden-Württemberg (EFA) liefert die passenden, aktuellen Fahrpläne des Nah- und Fernverkehrs für Bahn und Bus unter www.efa-bw.de. Bitte beachten Sie, dass gerade die Wutachschlucht nur am Wochenende und an Feiertagen von April bis Oktober mit dem Wanderbus bedient wird.

Sollten Sie nur Teile der Strecke gehen wollen, empfehlen wir, das Auto am Endpunkt der Etappe abzustellen und am Morgen zum Ausgangspunkt mit ÖPNV zu fahren. So haben Sie auf der Etappe keinen Zeitdruck, um am Nachmittag einen bestimmten Bus erreichen zu müssen.

Für 14 Cent pro Minute aus dem Telekom-Festnetz (Kosten aus Mobilfunknetzen können davon abweichen!) erhalten Sie unter der Nummer 01805/779966 telefonisch Auskunft über den Nahverkehr in Baden-Württemberg.

An- und Abreise mit dem Auto

Über die A 81 von Stuttgart-Bodensee nehmen Sie die Ausfahrt Donaueschingen und weiter auf der B 27 Richtung Schaffhausen bis zur Abzweigung B 314, hier Richtung Waldshut. Über die A 5 Karlsruhe-Basel geht es zur Ausfahrt Freiburg Mitte und weiter auf der B 31 Richtung Donaueschingen. Nach der Titisee-Abzweigung B 317 fahren Sie Richtung Feldberg bis zur Abzweigung B 315, dann Richtung Schaffhausen bis Stühlingen.

Beste Reisezeit

Die optimale Zeit für eine Wanderung auf dem Schluchtensteig ist von Ende April bis Anfang November. Im Winter und bei starker Nässe ist der Weg besonders in den steilen Schluchtabschnitten nicht ungefährlich. Der Schluchtensteig verläuft oft-

mals auch im Wald, ohne jedoch auf herrliche Aussichten zu verzichten und ist daher auch im Hochsommer gut zu begehen. Die Schluchtpartien sind angenehm kühl und schattig.
Die optimale Zeit für den Schluchtensteig ist von Mai bis Oktober. Im Winter und bei starker Nässe ist der Weg in den steilen Schluchtabschnitten nicht zu empfehlen. Besonders bei Frost werden die schmalen Steige zu spiegelglatten Eisbahnen.

Übernachtung

Es ist auf jeden Fall ratsam, die Quartiere in der Hauptsaison vorab zu buchen. Aufgrund der Strecke und der Lage der Quartiere empfehlen wir, nach der zweiten Etappe in der Schattenmühle selbst oder in Bonndorf zu übernachten. Gastgeber, die nicht direkt am Weg liegen, bieten oftmals einen Abholservice. Die Übernachtungspreise variieren meist je nach Saison.

Handyempfang

Bitte beachten Sie, dass Sie in weiten Teilen der Wutachschlucht keinen Handyempfang haben. Dies ist besonders wichtig am Ende der Etappe 2, die an der Schattenmühle endet, tief in der Wutachschlucht. Es gibt keine Möglichkeit, einen Gastgeber in Bonndorf oder Löffingen anzurufen, wenn die Schattenmühle geschlossen ist.

Bekleidung, Ausrüstung

Für eine gelungene Wanderung ist die Ausrüstung ein wichtiger Faktor. Der Markt für Outdoorbekleidung ist mittlerweile unübersehbar, deswegen hier nur einige Grundregeln:
Der wichtigste Ausrüstungsgegenstand sind Schuhe mit Profilsohle. Die Passform sollte man vor einer längeren Unternehmung unbedingt auf Tagestouren überprüfen!
Für die Kleidung gilt das „Zwiebelprinzip“: Mehrere Schichten erfüllen verschiedene Funktionen und lassen sich separat tragen und vielfältig kombinieren. Die unterste Schicht soll Schweiß vom Körper weg führen, darüber folgen bei Bedarf eine wärmende Schicht und zuletzt die äußerste Hülle, die Wind und Regen abhalten, trotzdem aber dampfdurchlässig sein soll.
Als Materialien kommen entweder Kunstfasern – leicht, wenig Feuchtigkeitsaufnahme, leider manchmal starke Geruchsbildung – oder hochwertige Wolle – etwas schwerer, wärmt aber auch im nassen Zustand und nimmt kaum Geruch an – in Fra-

ge. Baumwolle ist für anspruchsvolle Touren weniger geeignet, denn sie nimmt viel Feuchtigkeit auf und braucht sehr lange zum Trocknen.

Für Tagestouren benötigt man einen Regenschutz, eine Trinkflasche, Sonnenschutz, ein kleines Erste-Hilfe-Set und etwas Verpflegung für unterwegs. Bei Mehrtagestouren kommen noch Wäsche zum Wechseln, ein kleines Waschzeug und Kleidung für den Abend dazu. All das sollte in einem Rucksack von maximal 35 Litern Volumen Platz finden. Vor allem untrainierte Menschen sollten darauf achten, sich nicht zu viel Gepäck zuzumuten, denn die zusätzliche Belastung durch das Tragen kann eine schöne Wanderung schnell zur Quälerei werden lassen. Wenn Sie sich beim Packen des Reisegepäcks nicht einschränken wollen, dann sollten Sie einen Gepäcktransfer buchen (s. unten stehende Anbieter).

Wanderreiseveranstalter und Gepäcktransport

Eurohike, A-5162 Obertrum, Mühlstr. 20, 0043/(0)6219/7444, office@eurohike.at, www.eurohike.at

Schwarzwald Tourismus GmbH, Ludwigstr. 23, D-79104 Freiburg, ✆ 0761/896460, Fax: 0761/8964670, www.schwarzwald-tourismus.info

SAN-aktiv-TOURS, Bühringer Str. 11, D-91710 Gunzenhausen, ✆ 09831/4936, Fax: 09831/80594, www.san-aktiv-tours.de

Zu diesem Buch

Dieser **Hikeline-Wanderführer** enthält alle Informationen, die Sie für Ihre Wanderung benötigen: exakte Karten, eine detaillierte Wegbeschreibung und die wichtigsten Informationen zu touristischen Attraktionen und Sehenswürdigkeiten.

Und das alles mit der **Hikeline-Garantie**: Die Routen in unseren Büchern sind von unserem professionellen Autorenteam vor Ort geprüft worden. Um höchste Aktualität zu gewährleisten, nehmen wir nach der Erhebung Korrekturen von Lesern bzw. offiziellen Stellen bis Redaktionsschluss entgegen, die dann jedoch teilweise nicht mehr an Ort und Stelle verifiziert werden können.

Papier

Für die Innenseiten dieses Buches haben wir uns etwas Besonderes einfallen lassen. Sie bestehen aus hochwertigem Landkartenpapier, welches mit einer robusten und wasserabweisenden Beschichtung versehen wurde. Somit übersteht es unbeschadet auch mal einen Regenschauer. Bitte beachten Sie: wasserabweisend heißt nicht wasserfest! Die Seiten sind gut gegen Spritzwasser geschützt, jedoch nicht wasserfest oder abwaschbar.

Konzept

Am Beginn jeder Etappe finden Sie auf einer Doppelseite zusammengefasst Start- und Zielort, die Länge, die zu bewältigenden Höhenmeter im Auf- und Abstieg, die durchschnittlich Wegzeit in normalem Gehtempo, ein Höhenprofil und die Anteile an Asphalt, Spazier- und Wanderwegen. Zusätzlich finden Sie dort auch eine kurze Charakteristik der Etappe.

Karten

Eine Übersicht über die geografische Lage des Schluchtensteiges gibt Ihnen die Übersichtskarte auf der vorderen inneren Umschlagsseite.

Die Detailkarten sind im Maßstab 1:35.000 erstellt. Dies bedeutet, dass 1 Zentimeter auf der Karte einer Strecke von 350 Metern in der Natur entspricht. Zusätzlich zum genauen Routenverlauf informieren die Karten auch über die Beschaffenheit des

Bodenbelags bzw. über die Art des Weges sowie über kulturelle und gastronomische Einrichtungen entlang der Strecke. Die Höhenlinien haben einen Abstand von 20 Metern.
Allerdings können selbst die genauesten Karten den Blick auf die Wegbeschreibung nicht ersetzen. Stellen mit schwieriger Wegfindung werden in der Karte mit dem Symbol ⚠ gekennzeichnet, im Text finden Sie das gleiche Zeichen zur Markierung der betreffenden Stelle wieder – manchmal ergänzt durch ein Foto.
Die beschriebene Haupttour wird immer in Blau, Varianten oder Abstecher in Grün dargestellt. Die genaue Bedeutung der einzelnen Symbole wird in der Zeichenerklärung auf den Seiten 4 und 5 erläutert.

Textteil

Der Textteil besteht im Wesentlichen aus der genauen Routenbeschreibung. Manche besonders markante oder wichtige Punkte auf der Strecke sind als Wegpunkte **1**, **2**, **3**, ... durchnummeriert und – zur besseren Orientierung – mit dem selben Symbol in den Karten und im Höhenprofil wieder zu finden. Bei Varianten wird das selbe System angewendet, allerdings mit Großbuchstaben **A**, **B**, **C**,...
Die Kilometerangaben, im Text hochgestellt, zeigen Ihnen die schon zurückgelegte Strecke seit dem Etappenstart an, sie sind auf hundert Meter gerundet.
Ferner sind alle wichtigen **Orte** zur besseren Orientierung aus dem Text hervorgehoben. Die Symbole Ortsanfang und Ortsende kennzeichnen ein größeres, geschlossenes Siedlungsgebiet. Gibt es interessante Sehenswürdigkeiten in einem Ort, so finden Sie unter dem Ortsbalken die jeweiligen Adressen, Telefonnummern und Öffnungszeiten.
Die Beschreibung der einzelnen Orte sowie historisch, kulturell oder naturkundlich interessanter Gegebenheiten entlang der Route tragen zu einem abgerundeten Reiseerlebnis bei. Diese Textblöcke sind kursiv gesetzt und unterscheiden sich dadurch auch optisch von der Streckenbeschreibung.

Absätze in grüner Farbe behandeln Varianten und Ausflüge.

TIPP Textabschnitte in Blau heben Stellen hervor, an denen Sie auf den weiteren Wegeverlauf und auf mögliche Varianten hingewiesen werden. Sie geben auch Empfehlungen und Erläuterungen zu Sehenswürdigkeiten oder Freizeitaktivitäten etwas abseits der Route.

Übernachtungsverzeichnis

Im Informationsteil zu Beginn des Buches unter Wanderreiseveranstalter bzw. im Übernachtungsverzeichnis auf den letzten Seiten finden Sie auch das Zeichen ⊟. Dies bedeutet, dass ein Reiseveranstalter oder ein Beherbergungsbetrieb einen Gepäcktransfer anbietet.
Auf den letzten Seiten dieses Wanderführers finden Sie zu fast allen Orten entlang der Strecke eine Vielzahl von Übernachtungsmöglichkeiten – vom einfachen Zeltplatz bis zum 5-Sterne-Hotel.

GPS-Navigation

GPS (Global Positioning System) erlaubt eine präzise Positionsbestimmung mittels Navigationssatelliten und einem Empfangsgerät, dem GPS-Empfänger. Die Navigation basiert auf dem UTM-System (Universal Transversal Mercatorprojection). Das UTM-Gitternetz unterteilt die Erde in 60 Zonen von je 6 Grad Breite. Die Positionsangabe setzt sich aus dem „East"- oder Rechtswert und dem „North"- oder Hochwert zusammen. Der „East"- Wert (E) gibt den Abstand zum jeweiligen Bezugsmeridian in Kilometern plus 500 Kilometer zur Vermeidung negativer Zahlen an. Der „North"- Wert (N) gibt den Abstand zum Äquator in Kilometern an.

GPS-Navigation in der Karte

Das Gebiet dieser Karten liegt in der Zone 32 und hat den Bezugsmeridian 9 Grad Ost. Um zu navigieren ist der GPS-Empfänger auf WGS 84 (World Geodetic System 1984) und UTM-Projektion einzustellen. Die Koordinaten (East und North) sind in der Karte in Kilometern, auf dem GPS-Empfänger in Metern angegeben. Für die GPS-Navigation ist auf den Karten ein grau gepunktetes Gitter mit einer Maschenweite von 1 Kilometer vorhanden. Da einige Karteninhalte hervorgehoben oder generalisiert dargestellt werden, ist eine absolute Lagegenauigkeit nicht immer garantiert.

Etappe 1 — 19 km

Stühlingen – Blumberg

Start: **Stühlingen, Bahnhof**
Ziel: **Blumberg**
Gehzeit: **5,5 Std.**
Aufstieg: **560 m**
Abstieg: **330 m**

Hartbelag: **20 %**
Spazierwege: **29 %**
Wanderpfade: **51 %**

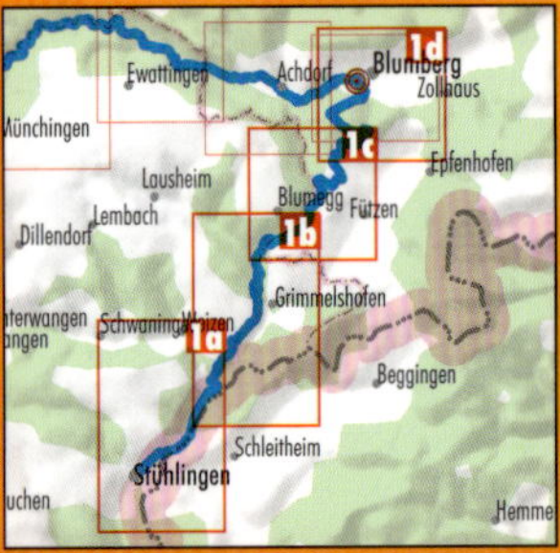

Charakteristik: Der erste Abschnitt des Schluchtensteigs ist reichlich gesegnet mit verschiedensten Landschaftseindrücken: Am Start in Stühlingen wandern Sie durch das geradlinige, durchweg breitsohlige untere Wutachtal – offen und weit ist die Landschaft. Ab Weizen folgt der Weg der Bahntrasse der Sauschwänzlebahn bis Blumberg. Die Wutachflühen sind das Highlight, „des beschde", der Strecke. Hier hat man das Gefühl, im letzten Urwaldabschnitt Süddeutschlands unterwegs zu sein. Wurzeln und bemooste Steine, steile Felstürme und gigantische Farne säumen den Weg – tief unten fließt die wilde Wutach. Bald wird die Landschaft wieder weiter und Sie sehen mit etwas Glück die dampfende Sauschwänzlebahn durch die Wiesen und Felder fahren. Über die Otilienhöhe geht es dann nach Blumberg.

Tipp: Der Weg durch die Wutachflühen sollte nur mit geeignetem Schuhwerk begangen werden, denn schon bald nach dem Gasthof Wutachschlucht verläuft der Weg über Wurzeln und auf schmalen Pfaden. Unterschätzen Sie bei dieser Etappe nicht die Höhenmeter!

Stühlingen

PLZ: 79780; Vorwahl: 07744

Verkehrsamt Stühlingen, Rathaus, Schlossstr. 9, ✆ 532-34, www.stuehlingen.de

Landmaschinenmuseum, Schlossstr. 10, ✆ 92120, ÖZ: April-Okt., So 13.30-17 Uhr

Klosterkirche mit Loretokapelle, Loretoweg 12

Pension-Gysi, An der Steig 12, ✆ 5298

Der Luftkurort Stühlingen liegt an der Wutach am Südrand des Schwarzwaldes, direkt an der Grenze zur Schweiz. Die heutige Stadt Stühlingen ist erst im 19. Jahrhundert aus zwei Siedlungskernen zusammengewachsen: Im Tal liegt das ältere „Dorf" mit der Pfarrkirche, auf halber Höhe, auf einer schmalen Hangterrasse die „Stadt", eine mittelalterliche Stadtgründung. Später wurden sie auch als Ober- und Unterstadt bezeichnet. Hoch über allem thront an der Hangkante Schloss Hohenlupfen, der alte Sitz der Stadtherren. Bereits Anfang des 12. Jahrhunderts war Stühlingen Grafensitz, die Burg ist ab 1251 bezeugt. Unter den Herren von Lupfen (1251-1582) erfolgte vor 1262 die Stadtgründung. Das Schloss trägt noch heute ihren Namen. Danach kam es an die Reichsmarschälle von Pappenheim, die dem Schloss seine heutige Gestalt gaben, und 1639 an die Grafen von Fürstenberg.

Charakteristisch für Stühlingen ist die dreigeschossige, geschlossene, traufständige Bebauung. Die Bürgerhäuser sind 2, 3 oder 4 Achsen breit. Das Rentamt von

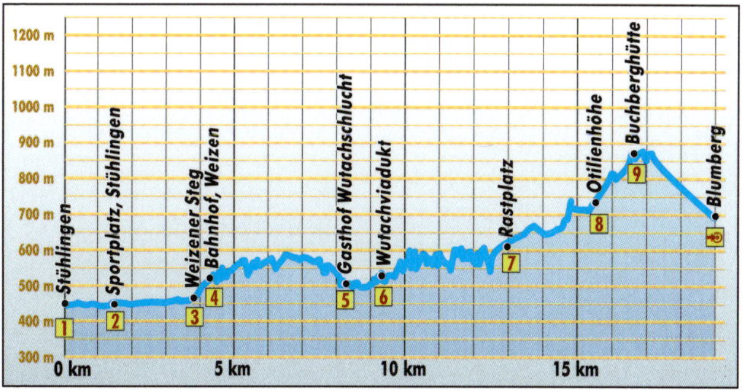

Stühlingen

1595 mit seinen sieben Achsen (Herrengasse 22) ist schon durch seine Größe als herrschaftliches Gebäude zu erkennen. Das Rathaus ist 1904 abgebrannt. Es wurde in historistischer Form am Platz seines Vorgängerbaus wieder aufgebaut. Genießen Sie vor der Wanderung den Bummel durch die verwinkelten Gassen.

1 0,0 Sie starten an der markanten **Bohnenkirche** im Tal ~ dem Schluchtensteigwegweiser Richtung Blumberg folgen ~ weiter auf der **Hauptstraße** ~ vor dem Zentralgenossenschaftsmarkt leicht links in die **Bahnhofstraße** Richtung Evangelische Kirche ~ am **Bahnhof** vorbei, heute verkehren hier keine Züge mehr ~ bald können Sie den Zollübergang in die Schweiz sehen (am Gasthof Napoleon) ~ es geht rechts über den Bahnübergang ~ dann unter der Bundesstraße durch und links Richtung Weizen ~ kurz dem Radweg folgen ~ dann den Pfad rechts abwärts nehmen ~ sofort wieder links am Damm der Wutach entlang, die hier sanft dahinfließt.

2 1,5 Am **Sportplatz** von Stühlingen führt der Weg geradeaus weiter ~ nach dem **Hundesportplatz** taucht der Weg in den Wald ein ~ linker Hand ein Busch und Sumpfgebiet, rechts die Wutach ~ bald verlassen Sie den breiten Forstweg und gehen rechts in einen Pfad, der direkt an der Wutach entlang führt ~ sehr idyllisch plätschert die Wutach hier dahin ~ auf dem Pfad bleiben, immer an der Wutach entlang bis zum „Weizener Steg".

3 3,9 In der Mitte des **Weizener Steges** sind Sie im wahrsten Sinne des Wortes mit einem Fuß in Deutschland und mit dem anderen Fuß in der Schweiz.

Ein Hinweisschild klärt auf: Mit gültigem Grenzübertrittspapieren dürfen wir hinüber. Das Mitführen von Waren ist allerdings nicht gestattet, also kehren wir um, denn unser Proviant und die Getränke wollen wir weiter mitführen. Wir gehen also nicht in die Schweiz, sondern wandern den Wegweisern folgend Richtung Bahnhof Weizen ~ über die Brücke, unter Ihnen die Bundesstraße ~ dann rechts zum **Bahnhof**, der Endstation der Sauschwänzlebahn.

hwaningen
Weizen
1a
B315
Ehrenbach
Weizen-Bahnhof
Sauschwänzlebahn
4
3
1b
Kalvarienberg
B314
2
Oberwiesen
Weilerbach
Bohnenkirche
1
Bahnhofstraße
Zwärendbach
B14
sterkirche
Stühlingen
Hallauer Straße
dmaschinenmuseum
Wutach
Deutschland
Schweiz

Die Sauschwänzlebahn

Diese vor 120 Jahren als sogenannte „Kanonenbahn" gebaute Bahnstrecke führt vom Bahnhof Zollhaus-Blumberg durch den großen Stockhaldkreiskehrtunnel über den Wutachviadukt zum Bahnhof Weizen.

Technische Daten

Der Höhenunterschied zwischen Weizen und Blumberg beträgt 231 Meter. Bei einer Luftlinien-Entfernung von 9,6 Kilometer hätte die direkte Linienführung eine Steigung von 24 Meter auf 1.000 Meter Streckenlänge erbracht. Solche Steigungen bzw. Gefälle wagten die Ingenieure aber am Ende des letzten Jahrhunderts noch nicht mit schweren Lasten zu befahren. Zudem war die Bedingung, dass auch das schwerste verfügbare Eisenbahngeschütz noch transportiert werden musste. Deshalb wurde als höchstzulässige Steigung zwischen Weizen und Blumberg ein Wert von 10 Promille festgelegt. Um diese Bedingung zu erfüllen, musste die Strecke künstlich verlängert werden. Das erfolgte durch Bögen und Kehrschleifen (daher auch der Name), wodurch die Strecke von weniger als 10 Kilometer Luftlinie auf 25,88 Kilometer Streckenlinie verlängert und damit eine maximale Steigung von 9,6 Promille erreicht wurde. Dies entspricht exakt der Länge der heutigen Museumsstrecke.

Geschichte

1871 war das Elsaß deutsch geworden. Da die Regierenden in der Hauptstadt Berlin aber in den darauffolgenden Jahren mit einem erneuten Krieg gegen Frankreich rechneten, ergab sich für Deutschland das Problem der raschen Truppenverschiebung entlang der südlichen Reichsgrenze in Ost-West-Richtung ins Ober- bzw. Süd-Elsaß. So forderte die damalige Reichsregierung den Bau von Bahnen, welche die Schweizer Kantone auf deutschem Gebiet umfahren. Eine dieser strategischen Umgehungsbahnen war die Wutachtalbahn. Im Verlauf von zwei Weltkriegen wurde sie tatsächlich von zahlreichen Militärzügen, auch Material-, Kohle-, Verwundeten- und Kriegsgefangenentransporten befahren. So verdanken die Eisenbahnfreunde unserer Tage jener unter militärisch-strategisch-technischen Gesichtspunkten erfolgten Planung eine Art „Modelleisenbahn im Maßstab 1:1". Nicht sehr erfreulich war diese verschlungene Linienführung allerdings für die Fahrgäste, da es viel Zeit brauchte und vor allem mussten sie einen verhältnismäßig

Wutachviadukt mit Sauschwänzlebahn

hohen Fahrpreis entrichten, da dieser natürlich nach Streckenlänge und nicht nach Luftlinie bzw. direkter Strecke berechnet wurde.

Museumsbahn

Zeit ihres Lebens war die Wutachtalbahn die Bahn der Merkwürdigkeiten und Überraschungen. Der Kampf und Einsatz um das Zustandekommen eines Museumsbahnbetriebs begann bereits 1955. Kaum hatte der letzte Zug der Deutschen Bundesbahn die Strecke befahren, als Ferdinand Mollet, der damalige Präsident der „Europäischen Vereinigung zur Erhaltung von Dampflokomotiven" bei der Bundesbahn-Direktion in Karlsruhe vorstellig wurde und sich für die Eröffnung eines „Museumsbahnbetriebs" einsetzte. Ein damals völlig unvorstellbarer Wunsch. Erst 1976 trat der Kampf um die Museumsbahn Wutachtal in seine zweite und letztlich erfolgreiche Endphase. Es war der damalige Bürgermeister von Blumberg, der schließlich den Museumsbahnbetrieb im Namen seiner Stadt aufnahm. Heute wird sie als „interessanteste Museumsbahn des Kontinents" bezeichnet.

Seit 1988 gehört die Museumsbahnstrecke der Stadt Blumberg. So ist der jeweilige Bürgermeister dieser Stadt zugleich Eisenbahn-Direktor.

Museumsbahn Wutachtal/Sauschwänzlebahn
Bahnhofstraße 1
78176 Blumberg
✆ 07702/477604
www.sauschwaenzlebahn.de

Wutachflühen

Weizen

4 4,3 Am Bahnhof nehmen Sie den Pfad Richtung Wutachflühen ⇝ der Weg führt aufwärts durch schattigen Wald.

TIPP: Hier können Sie sich auch an der Markierung Ostweg orientieren (schwarz-rotes Dreieck).

Ein breiter Forst- und Waldweg führt am Hang entlang durch Mischwald ⇝ vielleicht hören Sie im Tal das Fauchen und Pfeifen der Dampflok der Sauschwänzlebahn.

An einer **Lichtung** heißt es aufpassen: hier links aufwärts ⇝ nach ca. 200 m auf dem Pfad an der Hangkante entlang ⇝ auf breitem Waldweg ⇝ dann an einer Lichtung mit **Rastbank** dem Pfad im Wald weiter folgen ⇝ der Pfad mündet in einen breiten Waldweg, leicht abwärts ⇝ an der nächsten Wegkreuzung rechts, der Wegweiser ist hier etwas versetzt ⇝ in großen Serpentinen geht es auf breitem Forstweg hinab zur Straße.

Gasthof Wutachschlucht

Gasthaus Wutachschlucht, Im Weiler 1, 79780 Stühlingen, ✆ 07709/379

5 8,3 Sie erreichen den Gasthof Wutachschlucht an der **Museumsbahnhaltestelle** Lausheim-Blumegg ⇝ kurz auf der Straße nach rechts über den Bahnübergang ⇝ vorbei am alten Bahnhof von Lausheim-Blumegg ⇝ nach dem Bahnübergang links in einen Grasweg ⇝ Infotafeln liefern Hinweise zur Sauschwänzlebahn und zum Lehrpfad Blumberg-Weizen ⇝ rechts sehen Sie wieder die Wutach im Tal dahinziehen ⇝ ein herrlicher, schattiger Weg ⇝ linker Hand an einer kleinen Höhle vorbei ⇝ dann über den Bach, der sich durch das Tal schlängelt ⇝ vor den Gleisen rechts und unter dem Eisenbahnviadukt hindurch ⇝ weiter abwärts bis zur Brücke.

TIPP: Hier geht es sehr steil abwärts. Bei Nässe sind deshalb Wanderstöcke empfehlenswert, die auch

Weilergraben
Flühenblick
Wutachflühen
1b
Wutachviadukt
6
Museumsmühle im Weiler
1c
5
Gasthaus Wutachschlucht
Museumshaltestelle Lausheim-Blumegg
Hochbühl
865
Sauschwänzlebahn
St. Martin
B314
Mühlbach
Grimmelshofen
Brühlstraße
1a
Reichenberg
Wutach
Deutschland
Schweiz
en-Bahnhof
4
änzlebahn
3
Chälengraben
Staufenberg
605

durch die Wutachflühen aufwärts sehr nützlich sein können.

6 9,4 Über Ihnen das bekannte **Wutachviadukt** ⁓ nehmen Sie die große Fußgängerbrücke über die Wutach ⁓ danach rechts halten bis zum Wegweiser nach der **Infotafel** am Pfeiler des Viadukts.

Wutachviadukt. Das Wutachviadukt nördlich von Grimmelshofen bzw. südlich von Blumegg ist eine 107,5 m lange und 28 m hohe Brücke über die Wutach. Aufgrund der besonderen geologischen Bedingungen und ständig wiederkehrenden Erdrutsche war der Bau der Brücke für die Bauingenieure eine besondere Herausforderung. Die Brücke hat eine mittlere Öffnung von 47,5 m, 2 Seitenöffnungen von je 30 m Spannweite und weist einen Radius von 350 m auf. Die Gründung der beiden aus Kalkstein und mit Sandstein verblendeten Pfeiler, die so gestellt wurden, dass das Hochwasserprofil der Wutach nicht eingeschränkt wurde, erfolgte mittels Caissons in 10 bzw. 14 m Tiefe unter der Geländeoberfläche auf festem Sandstein. Auf diesen Pfeilern ruhen drei parabelförmige Stahlfachwerkträger (Fischbauch-Bauart) mit einem Gesamtgewicht von 297 t. Beiderseits der Brücke eröffnen sich während der Fahrt schöne Blicke zum Wutachtal hinunter.

Hier führt links der Pfad aufwärts Richtung Wutachflühen ⁓ ein gigantischer Naturwald erwartet Sie: bemooste Steine, Farne, dichtes Gebüsch und urige Wege mit Steinen und Wurzeln. Unglaublich – an manchen Stellen scheinen die Bäume nahezu aus dem Felsen zu wachsen ⁓ vorbei am **Mannheimer Felsen** ⁓ immer weiter durch die Wutachflühen aufwärts ⁓ der Wegweiser bei der **„Mutter Gottes"** zeigt 575 m Höhe, zum Parkplatz Wutachflühen sind es noch 1,6 km ⁓ je weiter wir nach oben kommen, umso näher sind wir an den Felswänden dran ⁓ bald trennt sich die Route vom Ostweg (rot – schwarze Raute) ⁓ rechts weiter auf dem Schluchtensteig Richtung Wanderparkplatz Wutachflühen ⁓ der Weg steigt noch einmal steil an über Treppen und Serpentinen, von einer Panoramakanzel zur nächsten ⁓ ein letzter Blick hinunter zur Wutach, die Sie nun bis zur nächsten Etappe nicht mehr sehen ⁓ die letzten Stufen hinauf zum **Parkplatz** sind geschafft.

Naturschutzgebiet Wutachflühen. Hohe Felswände der unterschiedlichsten Gesteinsformationen (z. B. Muschelkalk, Keuper) sowie naturbelassene Wälder prägen das Landschaftsbild im Naturschutzgebiet Wutachflühen.

7 13,0 Nun heißt es Vesperpause am **Rastplatz** mit Tischen und Bänken ⁓ über den **Parkplatz**, dann rechts durch die Eisenbahnunterführung ⁓ nach 500 m links über Wiesen auf-

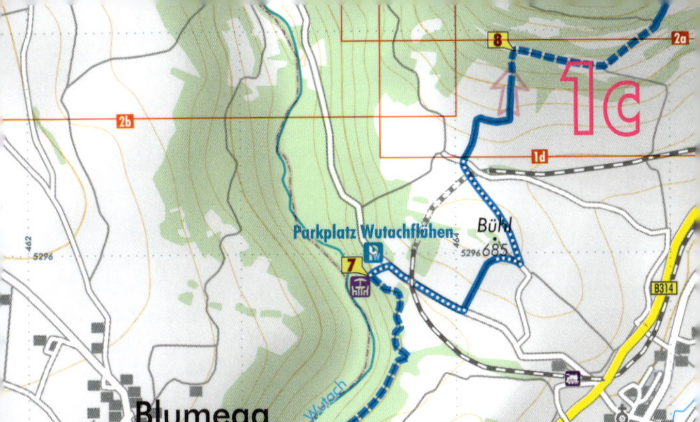

wärts ⤳ nach der Enge in der Schlucht nun eine herrliche Weite mit Feldern, Hügeln und Weilern ⤳ auf Wirtschaftswegen aufwärts, zwischen Kornfeldern und Weiden wandern Sie Richtung Wald ⤳ immer wieder sehen Sie Gleise, Tunnels oder Viadukte der Sauschwänzlebahn ⤳ bald links weiter den Hang hinauf, vorbei an einem großen Forststand führt ein Pfad steil nach oben ⤳ danach rechts durch Wiesen weiter ⤳ links aufwärts, dem Wegweiser zur Otilienhöhe folgend ⤳ bald verlassen Sie den breiten Weg und gehen rechts in einen Pfad.

8 15,5 Die **Otilienhöhe** auf 807 m ist erreicht ⤳ noch etwas mehr als 1 km zum Aussichtspunkt Buchbergsturz, dem höchsten Punkt dieser Etappe ⤳ links und

Aussicht bei der Buchberghütte

bald wieder links geht es schattig durch den Wald nach oben.

TIPP Sie befinden sich auf dem Querweg Freiburg – Bodensee (weiß-rote Raute auf gelbem Hintergrund).

Geradeaus immer weiter aufwärts ~ ein Funkturm, den man schon von weitem sieht, liegt nun rechts im Wald ~ die letzten Steigungen auf kurzer Distanz haben es in sich gehabt, aber Erholung ist in Sicht!

9 16,7 Die **Buchberghütte,** eine wahre Gipfelhütte auf 876 m grüßt.

AUSSICHT Hier befinden Sie sich auf einem herrlichen Aussichtspunkt mit Rastplatz. Unten sehen Sie die Wutachflühen und das Wutachtal im Überblick, dahinter die Wiesen und Wälder des Naturparks Südschwarzwald. Mit etwas Glück können Sie auch Jura und Alpen von hier aus sehen.

Von diesem wunderschönen Ort geht es auf einem Waldpfad abwärts ~ rechts halten, der Pfad ist ziemlich zugewuchert (lange Hosen sind vorteilhaft) ~ am gegenüberliegenden Hang sehen Sie schon Häuser von Blumberg ~ am breiten Forstweg rechts ~ dem Asphaltweg abwärts folgend ~ vor den ersten Häusern rechts über Treppen am **Friedhof** entlang hinunter zum unteren Friedhofseingang ~ links auf der Asphaltstraße weiter abwärts ~ an der **Kirche** und am alten Schulhaus vorbei.

19,0 Sie erreichen Blumberg am **Gänselieselbrunnen** ~ rechts geht es in den Ort zur Übernachtung.

AUSFLUG Wer noch Lust hat und sich für Eisenbahnen begeistern kann, sollte noch 1 km weiter zum

Museum der Sauschwänzlebahn in Blumberg-Zollhaus wandern.

Blumberg

PLZ: 78176; Vorwahl: 07702

Touristikinformation Blumberg, Hauptstr. 97, ☎ 51-203, www.stadt-blumberg.de

Eisenbahnmuseum, ÖZ: Mai-Okt.: jeweils 1 Std. vor und nach Zugabfahrt. Das Blumberger Eisenbahnmuseum, untergebracht im ehemaligen Güterschuppen des Bahnhofes Zollhaus-Blumberg, führt durch die Entstehungsgeschichte der Museumsbahn und zeigt viele nostalgische Erinnerungsstücke aus der vergangenen Dampfeisenbahnzeit.

Sauschwänzlebahn/Museumsbahn Wutachtal, Bahnhofstr. 1, ☎ 477604, www.sauschwaenzlebahn.de

Panoramabad Blumberg, Schwimmbadstraße (Am Eichberg), ☎ 2385

Etappe 2 — 20,3 km

Blumberg - Schattenmühle

Start: **Blumberg**

Ziel: **Schattenmühle (Lotenbachklamm +2,5 km)**

Gehzeit: **6 Std.**

Aufstieg: **350 m**

Abstieg: **400 m**

Hartbelag: **18 %**

Spazierwege: **55 %**

Wanderpfade: **27 %**

Charakteristik: Die wilde Wutachschlucht war lange Zeit wegen ihrer Unwegsamkeit gefürchtet. Sie ist eine der letzten ursprünglichen Wildflusslandschaften Mitteleuropas und zählt zu den ältesten Naturschutzgebieten Baden-Württembergs. Bereits 1939 wurde sie wegen ihrer landschaftsgeschichtlichen und geologischen Besonderheiten und ihrer artenreichen Tier- und Pflanzenwelt als Naturschutzgebiet ausgewiesen. Die Landschaft um die Wutach wird gerne als „aufgeschlagenes Lehrbuch der Geologie" bezeichnet. Mit großem Einsatz werden die Wege und Stege betreut. Ab dem Sägewerk Wutachmühle wird das Tal eng und der Wanderweg führt durch senkrechte Felswände entlang des Flusses.

Tipp: Der Abschnitt zwischen Sägewerk Wutachmühle und Schattenmühle ist über alle Landesgrenzen hinweg bekannt. Gutes Schuhwerk und Trittsicherheit ist Voraussetzung für das Abenteuer. Wichtig ist auch, dass Sie ausreichend Flüssigkeit mit auf die Tour nehmen.

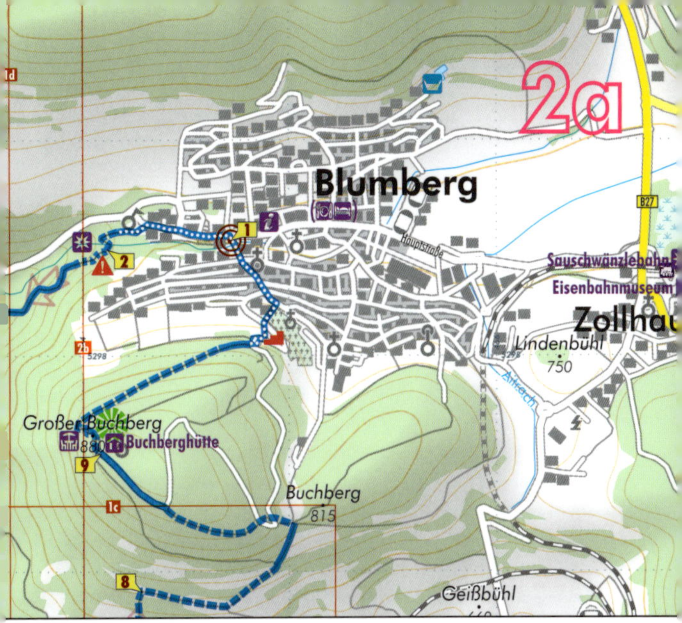

Blumberg

1 **0,0** Entlang der **Hauptstraße** in Blumberg ~ die gelbe Raute weist die Richtung stadtauswärts ~ für ein kurzes Stück der Hauptstraße folgen ~ an der Gabelung links halten und bis zum letzten Haus von Blumberg gehen ~ links am Gartenzaun entlang auf einem kurzen

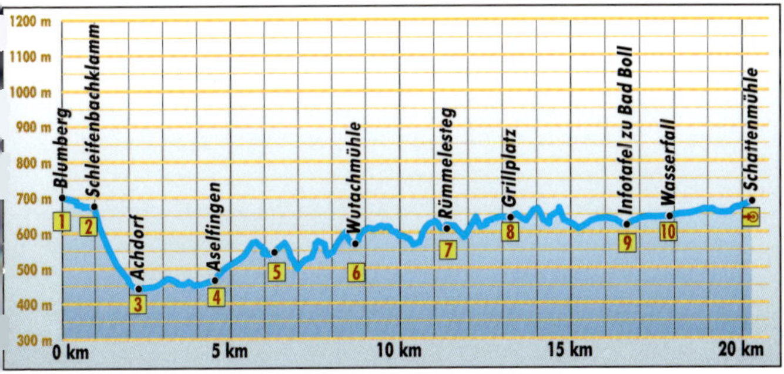

Wiesenweg bis zur Infotafel der Schleifenbachwasserfälle ⇝ auf einen schmalen Pfad geht es sofort steil bergab.

ACHTUNG Vorsicht bei Nässe – eventuell Stöcke benützen.

In einigen Serpentinen führt der Weg über Steine und Wurzeln durch einen Laubwald direkt in den Taleinschnitt ⇝ bald ist der Wasserfall von einer Plattform aus zu sehen ⇝ der Abstieg durch die **Schleifenbachklamm** ist spannend ⇝ in mehreren, bis zu 20 m hohen Kaskaden stürzt hier der Schleifenbach in die steile Schlucht hinab.

2 1,0 Beim Abstieg an der **Leiter** ist Vorsicht geboten ⚠ hier sollte man trittfest und am besten auch schwindelfrei sein ⇝ die 8 m lange Holzleiter hinab, um über einen Steg über den Bach zu gelangen ⇝ auf der gegenüberliegenden Seite führt wieder ein Pfad aus dem Tal hinaus ⇝ nach kurzem Aufstieg stößt der Pfad auf einen breiten Fortweg ⇝ diesem nun nach rechts folgen ⇝ bequem durch den Laubwald bis zu einer Wiesenfläche ⇝ weiter bis zum Wegzeichen Achendorf-Talenäcker.

TIPP Das Zeichen wechselt – nun folgen Sie der schwarz-roten Raute.

Weiter bis zur **Bundesstraße** ⇝ links in den Ort Achendorf abbiegen.

TIPP Auf der Blumberger Straße hat ein freundlicher Pilgerwanderer eine Wanderraststätte, unter den Einheimischen „Tibethaus" genannt, eingerichtet, an der es kostenlos oder gegen eine freiwillige Spende für eine Hilfsaktion in Tibet Getränke gibt.

Weiter der Straße entlang ⇝ beim Brunnen am Rathaus links bergab ⇝ für 100 m nun rot-weiße Raute, dann blaue Raute als Orientierung.

3 2,9 Bereits in Sichtweite ist das imposantes Haus der Gaststätte Scheffellinde.

Achdorf

Gasthaus Scheffellinde, Lindenstr. 8, 78176 Blumberg-Achdorf, ✆ 07702/9472. Das Gasthaus wurde im Jahre 1543 auf dem Gelände des Herrschaftlichen Maierhofes erbaut. Nach dem Dreißigjährigen Krieg zur Erinnerung an eine Friedenslinde wurde es in Gasthaus Linde umbenannt. Das Landgasthaus ist seit über 450 Jahren in Familienbesitz und bot seit jeher Besuchern und Wanderern einen Ort zum Ausruhen. Das idyllisch gelegene Landgasthaus nahe der Schweizer Grenze bietet noch heute gutbürgerliche Küche. Im Jahre 1930 brannte das Gebäude nieder und wurde 1932 wieder aufgebaut.

Joseph Victor von Scheffel

Von „unbeschwerten Stunden in der Linde zu Achdorf" schwärmte Joseph Viktor von Scheffel immer wieder in seinen Briefen. Am Ende des 19. Jahrhunderts gehörte der am 16. Februar 1826 in Karlsruhe geborene Schriftsteller zu den populärsten und erfolgreichsten seiner Generation. Der damals 31-jährige Scheffel entdeckte in dieser Zeit auf seinen Streifzügen nicht nur die Schönheit der Natur von Hegau und Baar. Auch der Wirtstochter Josefine war er sehr zugetan. Sie ist es, die er in einem ihr gewidmeten Vers als Mariagutta besingt. Obwohl der Fußweg in die Wutachschlucht damals sehr beschwerlich war, zählte er zu den Lieblingswegen des Dichters. Nach seinem Tod im Jahre 1886 wurde ihm zu Ehren die Linde in „Scheffellinde" umbenannt. Scheffel hat unter anderem den Roman „Ekkehard", das Studentenlied „Gaudeamus igitur" und die 4. Strophe des Badener Liedes („Alt-Heidelberg, du feine, du Stadt an Ehren reich, am Neckar und am Rheine, kein' and're kommt dir gleich..") verfasst.

Direkt an der **Linde (Baum)** rechts durch die Einfahrt gehen ⤳ geradewegs an dem alten Mühlrad vorbei ⤳ der Querstraße links weiter folgen ⤳ am **Haus des Gastes** vorbei, bis ein Schotterweg rechts abbiegt ⤳ neben dem Weg fließt ein Bach, den es wenig später auf einem landwirtschaftlichen Weg zu überqueren gilt ⤳ leicht bergauf, bis ein Sträßchen links in die Ortschaft Aselfingen abzweigt.

TIPP Nun wieder der gewohnten gelben Raute folgen.

4 4,5 An der **Wutachstraße** angekommen, rechts nach Aselfingen einbiegen.

Aselfingen

Aselfingen durchwandern und zum Ortsende bis zur Bushaltestelle „Abzweig Überachen" weiter gehen ⤳ links über die Wutachbrücke ⤳ dann dem Wegzeichen nach rechts folgen.

TIPP Die Beschilderung wechselt in weiß-rote Raute auf gelbem Grund, dem Schwarzwald Querweg Freiburg-Bodensee.

Nach 400 m zweigt rechts ein Schotterweg ab ⤳ auf diesem Weg durchwandert man nun die Flussaue ⤳ Wiesen und Laubbäume wechseln sich ab ⤳ auch wenn die Wutach nicht gesehen wird, in Hörweite ist sie immer.

5 6,3 ⚠ Achtung: Abzweig im Wald! Den Weg rechts in eine Senke nehmen und ihm folgen bis er in einen Schotterweg übergeht ⤳ nach Durchschreiten der Senke endet der Weg an der **Landstraße L 171** ⤳ rechts hinter der Leitplanke führt ein Schotterpfad hinüber zum Sägewerk.

Wutachmühle

Kiosk Wutachmühle, ✆ 07709/919705. Die Wutachmühle ist heute ein mittelgroßes Sägewerk – früher gab es hier auch einmal ein großes Gasthaus. Heute kann man an einem Kiosk seinen Durst stillen.

6 8,6 Die Straße überqueren und an der Einfahrt zum Sägewerk

Kanadiersteg

dem Wegzeichen nach rechts folgen ~ auf dem Fahrweg geht es über das Werksgelände, vorbei an Holzstämmen bis zum Waldrand ~ der **Bühlerweg**, ein breiter Forstweg, führt durch schattigen Wald in die Schlucht ~ nach 1 km ist der **Kanadiersteg** erreicht, wo die Gauchach in die Wutach mündet.

Sie gehen geradeaus und bleiben auf dem Weg, der bald etwas schmäler wird ~ über Wurzelwerk und Steine geht es entlang des Baches ~ die Vegetation ist fast urwaldartig und die Botaniker unter den Wanderern habe ihre helle Freude.

ACHTUNG Ab jetzt ist der Weg in der Schlucht teils rutschig, eng und da und dort steil. Hier ist gute

Naturschutzgebiet Wutachschlucht

Mit der Verordnung vom 26.7.1939 wurde nach jahrelanger Diskussion die Wutachschlucht von der Gutachbrücke bis zur Einmündung der Gauchach in die Wutach als Naturschutzgebiet Wutach-Gauchachtal mit einer Fläche von 579 Hektar ausgewiesen. 50 Jahre später erfuhr das Naturschutzgebiet am 16.3.1989 eine wesentliche Flächenerweiterung auf 950 Hektar.

Die Landschaft um Wutach und Gauchach, Aubächle und Krottenbach wird gerne als „aufgeschlagenes Lehrbuch der Geologie" bezeichnet. Dieses Gebiet ist botanisch und geologisch sehr interessant. Tief hat sich die Wutach in die Keuperschichten eingegraben und verändert auch heute ständig, vor allem im Frühjahr, das Flussbett und die Talschlucht. Die nach Osten abfallenden Schichtungen bieten einen interessanten Einblick in die Erdgeschichte. Besonders interessant sind die Verkarstungen und Dolinenbildungen. Für Hobbybotaniker ist die Schlucht ein einziges Eldorado. Von den 2.500 in Mitteleuropa vorkommenden Pflanzenarten sind hier allein 1.200 vertreten, darunter Seltenheiten wie Hirschzunge, Felsennelken, Türkenbund, Mondviolen und im Herbst der Silbertaler. Daneben 30 verschiedene Orchideen. Mit etwas Glück entdecken Sie während Ihrer Wanderung auch einige der über 500 Schmetterlingsarten oder der zahlreichen Vögel wie z. B. den buntschillernden Eisvogel, den Wanderfalken und die Dohle.

Die Wutach

Der Quellbach der Wutach entspringt am Feldberg. Er durchfließt den Feld- und den Titisee. Von dort an trägt das Flüsschen den Namen „Gutach", bis es sich 30 Kilometer weiter mit der Haslach zur Wutach vereinigt. Die Wutach hat in den vergangenen 70.000 Jahren ein bis zu 200 Meter tiefes und rund 30 Kilometer langes Tal in den

Südschwarzwald gegraben. Für erdgeschichtliche Zeiträume ist das eine sehr kurze Zeitspanne - die Schlucht ist damit die jüngste auf der Erde. Vor rund 25.000 Jahren, als sich die Höhenlagen des Südschwarzwaldes noch unter einem dicken Eispanzer befanden, bildete das abfließende Schmelzwasser den Verlauf der Urwutach zwischen Feldberg und Donau. Vor 15.000 Jahren jedoch brach die Urwutach bei Achdorf aus ihrem Flussbett aus und schuf 180 Meter tiefer ein neues Flussbett. Diese Flussablenkung riss zwei Milliarden Kubikmeter Gestein mit sich, was dem Gesteinsvolumen des Matterhorns in den Walliser Alpen entspricht.

Herman Schurhammer

Nach dem Ersten Weltkrieg trat ein Mann auf den Plan, der viel später „Vater des Naturschutzgebiets Wutachschlucht" genannt werden sollte. Als 40-jähriger hatte er 1921 die Leitung des Wasser- und Straßenbauamts Bonndorf übernommen, und seit 1922 war er Vorsitzender des dortigen Schwarzwaldvereins. Schurhammer war vernarrt in die Wutachschlucht. Ein Dorn im Auge waren ihm der häufige Pflanzendiebstahl und die mutwilligen Beschädigungen, die an Geländer und Seilsicherungen entlang des Wanderweges angerichtet wurden. Schmerz bereitete ihm auch der Kahlschlag der Privatwaldbesitzer. Hermann Schurhammer beschloss, die Ausweisung der Wutachschlucht als Naturschutzgebiet zu betreiben, um weitere Nutzungsexzesse zu verhindern. Er begann im Frühjahr 1925, sein Vorhaben generalstabsmäßig umzusetzen. Schurhammer nahm Gespräche mit Forstämtern, Gemeinden und privaten Grundbesitzern auf.

Wider Erwarten zeigte sich auch die Fürstlich Fürstenbergische Verwaltung aufgeschlossen. Die Spitze der badischen Forstverwaltung dagegen reagierte zunächst barsch ablehnend. Das Fazit: „Es ist somit nicht einzusehen, welche Vorteile der vorgeschlagene Naturpark bringen soll ... Wir bedauern daher, dem Plane zur Errichtung eines Naturparks in der Wutachschlucht nicht näher treten zu können." Das war ein Tiefschlag für die Naturschützer. Auf das unermüdliche Betreiben von Hermann Schurhammer hin beschloss 1928 der Badische Landtag einstimmig, »als Ersatz für die durch den Bau des Schluchseewerks zerstörten Naturschönheiten des südlichen Schwarzwald« ein Naturschutzgebiet »Wutach-Gauchachtal« zu schaffen. 1939 konnte dieses Naturschutzgebiet endlich verwirklicht werden.

Ausrüstung ein Muss, vor allem bei Nässe kann es ohne geeignetes Schuhwerk gefährlich werden. Die meisten Unfälle hier in der Schlucht haben mit Leichtsinn und Unterschätzen des Weges zu tun.

An der Wutach

Nach ca. 1,5 km führen die ersten Treppen mit einem Drahtseilgeländer auf einem schmalen Weg über den Fluss ⇝ bald ist die erste Hürde überwunden und es geht nur knapp über dem Wasserspiegel weiter ⇝ entlang der Felsen auf einem schmalen Weg wird es nun spannend ⇝ eine Felsspalte zwingt den Wanderer zu einem großen Schritt ⇝ mit Hilfe eines Drahtseiles ist auch dieses Hindernis kein Problem ⇝ trotzdem wird schnell klar, dass Trittsicherheit nötig ist ⇝ über einen Steg gehen und die Flussseite wechseln ⇝ weiter immer im Auf und Ab ⇝ diese Wegführung ist nötig, da es im Tal zu sumpfig ist.

Rümmelesteg

7 11,4 Der **Rümmelesteg** ist erreicht ⇝ auf dem neuen Steg abermals die Flussseite wechseln ⇝ im Hintergrund ist der alte Steg noch zu sehen, der bereits seit 1905 existiert ⇝ wieder führt der Weg nach oben und hoch über dem Wasserlauf muss eine **Holzbrücke** überschritten werden ⇝ ein schmaler Weg an einem Felsen bietet fantastische Blicke über das Flusstal ⇝ beim Abstieg noch über eine kleine **Holzleiter** und schon ist wieder das Ufer erreicht ⇝ nur wenige Meter weiter gilt es, das nächste Naturschauspiel zu bewundern ⇝ gegenüber einer Felswand auf einem Kiesufer stehend reibt man sich verwundert die Augen und der vorher reißende Fluss ist nahezu verschwunden.

Wenige Meter später sind die Wassermassen der Wutach wieder da ⇝ weiter geht es durch den Wald ⇝ ein Fels wird mittels einer Holzbrücke und einer kleinen Leiter überwunden ⇝ der

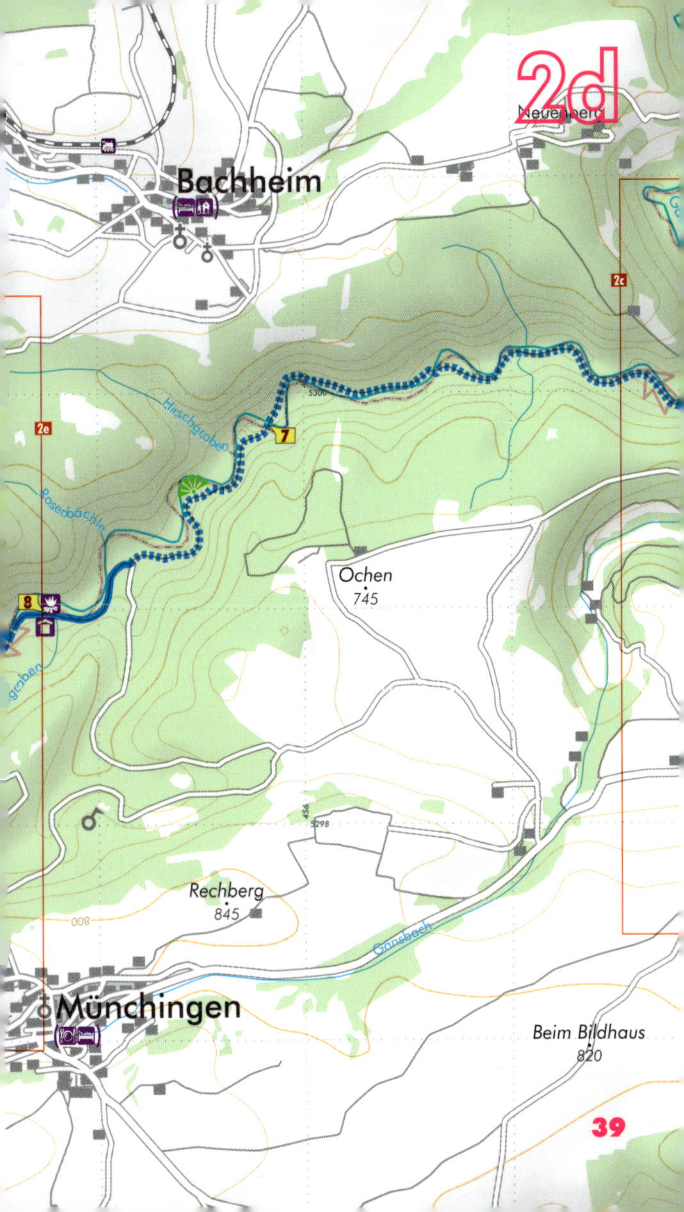
2d
Neuenberg
Bachheim
2c
Hirschgraben
7
5300
2e
Rosenbächle
8
Ochen
745
456
5298
Rechberg
845
008
Gansbach
Münchingen
Beim Bildhaus
820

Weg wird wieder etwas breiter und stößt auf einen **Schotterweg** ⤳ an der nächsten Wegkreuzung wieder ein Aufstieg, mit einem **Drahtseilgeländer** abgesichert, und schon ist man wieder hoch über der Wutach ⤳ nach dem Abstieg und einem Stück Weg bietet sich die Gelegenheit zu einer ausgiebigen Rast.

8 13,3 Ein schöner **Grillplatz** mit **Schutzhütte** wartet, die Hütte wurde in Gedenken an den Vater des Naturschutzgebietes Wutach/Gauchach „Schurhammer Hütte" (s. S. 35) genannt ⤳ wieder wird der Weg schmäler und die Vegetation ist im wahrsten Sinne des Wortes gigantisch ⤳ Wasseramseln streichen über das Flüsschen, und die Vögel singen dazu ⤳ ein Wasserfall direkt am Weg speist die Wutach ⤳ kurz danach führt ein **Steg** über einen Seitenarm der Wutach ⤳ am Waldrand taucht eine ehemalige **Kapelle** mit **Rastplatz** auf ⤳ diese verfallene Kapelle zeugt vom ehemaligen Badeort Bad Boll, heute eine feuchte Au.

9 16,6 Wenige Meter später erinnert eine **Infotafel** an das ehemalige Kurbad Bad Boll.

Ein breiter **Schotterweg** führt bergauf bis nach rechts ein Pfad abzweigt, auf dem es durch dichten Jungwald bergab geht ⤳ wieder näher an der Wutach wird der Weg breiter und über die **Dietfurtbrücke** wechselt der Weg noch einmal die Flussseite ⤳ auf dem Gelände des ehemaligen Dietfurthof wurde ein **Rastplatz** eingerichtet ⤳ in stetigem

Dietfurtbrücke

Bad Boll

Aufstieg und Fall von Bad Boll reflektieren ein Stückchen Zeitgeschichte. Mehr als fünfzig Jahre lang war Bad Boll ein hochgeschätztes Kurbad, dessen schwefelhaltige Quelle schon von den alten Römern entdeckt, als Trink- und Badewasser ärztlich empfohlen wurde - bei Verdauungsstörungen und Rheumatismus, bei Nieren- und Blasenleiden. Die würzige Waldluft sollte, heißt es in einem alten Prospekt, auch helfen bei „chronischen Katarrhen aller Art" sowie „bei Hautausschlägen und Geschwüren". So gut und heilsam waren die Kuren, dass Bad Boll gleich neben Marienbad, Vogesen- und Ostseebädern rangierte. Dann übernahm der „Royal Fishing Club of London" den Kurort für seine Mitglieder, vor allem wegen der schon damals international geschätzten Wutach-Forellen. Ein prominentes Clubmitglied kurte vor 1914 mehrmals in Bad Boll: Winston Churchill. Im Ersten Weltkrieg waren Kur- und Badehaus vornehme Zuflucht für Diplomatenkinder aus Berlin. Von da an ging's bergab: mal stillgelegt, mal von wechselnden Pächtern erfolglos betrieben, im Zweiten Weltkrieg für Industrieverlagerung genutzt, später wieder privatisiert als Erholungsstätte eines Kaufleute-Verbandes aus Wiesbaden. 1960 schließlich kaufte den veralteten Weiler der Arzt Werner Schütze aus Freiburg, Schütze starb 1976 und die Klinik wurde geschlossen.

Auf und Ab, über breitere und schmalere Wege, durchzogen von starkem Wurzelwerk und Steinen, stoßen Sie am Wegesrand auf einen Wasserfall.

10 17,9 Das Wasser des kleinen Wasserfalls fließt zur Wutach ⤳ bald muss eine Waldlichtung umrundet werden, um dann wieder durch einen **Felsdurchgang** an die Wutach zu gelangen ⤳ der letzte Wegabschnitt führt auf schmalem Weg bis zur Schattenmühle.

Schattenmühle

Schattenmühle, 79843 Löffingen,
07654/1705
www.schattenmuehle.de

20,3 Sie haben nun das Etappenende erreicht.

AUSFLUG In der Schattenmühle kann man übernachten oder weiter durch die wildromantische Lotenbachklamm in ca. 2,5 km zur B 315 gelangen. Hier kann man sich entweder von den Gastgebern in Bonndorf abholen lassen oder stündlich mit dem Bus nach Bonndorf (Linie 7258) fahren. Der Wanderparkplatz liegt zwischen Gündelwangen und Bonndorf, hier besteht wieder Handy-Empfang. Natürlich kann man sich auch von den Gastgebern in Löffingen oder Bonndorf abholen lassen.

Lotenbach. Der Lotenbach entspringt bei Bonndorf auf 850 m und mündet nach weniger als 3 km auf 670 m Höhe bei der Schattenmühle in die Wutach. In seinem unteren Verlauf hat der Lotenbach eine sehr tiefe Klamm in das umgebende Gestein gegraben, die nur über Treppen und gesicherte Stege begehbar ist.

Den **Wanderparkplatz** an der Schattenmühle queren, links beginnt die kleine, romantische Lotenbachklamm ⤳ es geht hinauf zum **Wanderparkplatz** mit **Bushaltestelle** an der B 315.

2f
3a
800
450
5300
Wasserfall
10
Wutachschlucht
1
Schattenmühle
Lotenbachklamm
2e
Boll
Tiefental
450
5298
Hebsack
B315
Wacht
895
Lotenbach
Philosophenweg
Schlaierweg
Lenzkircher Straße
Schloss Bonndorf
Kurpark
Kreismuseum
Am Lindenbuck
Schaffhauser Straße
5296
Bonndorf
Nachtweide
845
B315

Bonndorf

PLZ: 79848; Vorwahl: 07703

Japanischer Garten, Bonndorf

Tourist-Information, Martinstr. 5, ✆ 7607, www.bonndorf.de

SüdbadenBus, SBG Südbaden-Bus Gesellschaft mbH, ✆ 0761/ 36803-0, www.suedbadenbus.de

Kreismuseum, im Schloss, ÖZ: Mi-So 10-12 Uhr und 14-17 Uhr. Museum des Kreises Waldshut-Tiengen, Kräutergarten.

Schloss-Narren-Stuben, im Schloss Bonndorf, ÖZ: Mi-Sa 10-12 Uhr und 14-17 Uhr, So 14-17 Uhr. In unterschiedlichen Narrenstuben ist hier das ganze Jahr Fasnacht. Über 400 witzige, alte und auch neuere, bunte und skurrile Masken, Figuren und Gewänder versetzen den Besucher in Staunen.

Schloss Bonndorf (1592), ✆ 7978, ÖZ: Mi-So 10-12 Uhr und 14-17 Uhr. Das ehem. Wasserschloss beherbergt mehrere Prunkräume, besonders der barocke Festsaal im zweiten Stock ist sehenswert.

Kurpark mit Japanischem Garten, hinter dem Schloss

Freibad, Schwimmbadstr. 11, ✆ 8034

Zur Stadt Bonndorf im Schwarzwald gehören die Stadt Bonndorf und 24 weitere Dörfer, Weiler, Höfe und Häuser.

Bonndorfer Schloss

Bonndorf

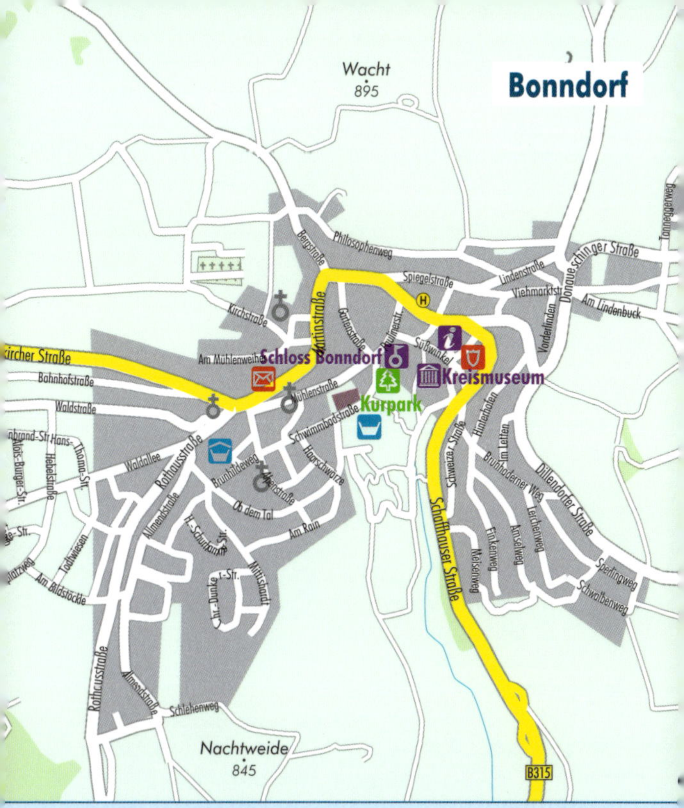

Bonndorf beherbergt die zweitälteste Sparkasse Deutschlands, die 1765 von Fürstabt Martin II. Gerbert gegründet wurde. Der Name der Stadt kommt - der Legende zufolge - von den Bohnen, mit denen die Bürger des Ortes in Abstimmungen ihre Meinung bekundet haben sollen. Andere Quellen gründen den Namen der Stadt auf das keltische buona, welches entweder vom Wort baunos (gebaut, bewohnt) oder von den Wörtern boum, bôm, bôn (vom keltischen bona - Baum) herrühren soll. Nach der zweiten Deutung ist Bonndorf also das Dorf bei den Bäumen.

Das Stadtrecht bekam Bonndorf 1891 verliehen, 1935 wurde es wieder entzogen. 1951 erhielt Bonndorf das Stadtrecht vom badischen Staatspräsidenten Leo Wohleb zurück. Den Namensbestandteil im Schwarzwald führt die Stadt seit 1963.

Etappe 3 18,3 km

Schattenmühle - Fischbach

Start: **Schattenmühle**
Ziel: **Fischbach**
Gehzeit: **5,5 bis 6 Std.**
Aufstieg: **660 m**
Abstieg: **260 m**

Hartbelag: **19 %**
Spazierwege: **42 %**
Wanderpfade: **39 %**

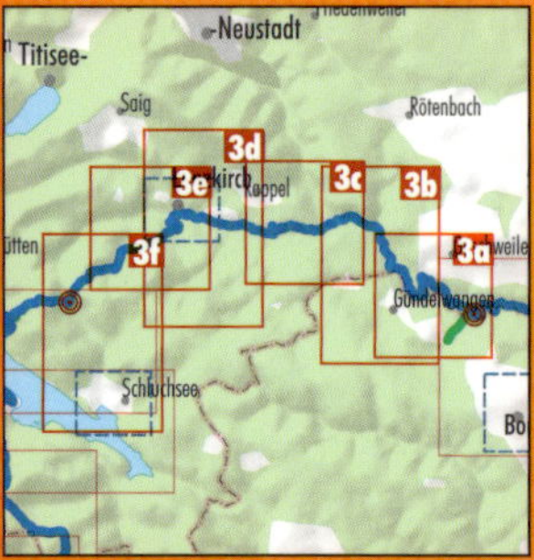

Charakteristik: Von der Schattenmühle bis Lenzkirch durchschreiten Sie einen wunderschönen und auch spannenden Teil des Schluchtensteiges. Der Weg führt diesmal nicht immer nur entlang der Wutach im Tal, sondern auch hinauf zum Räuberschlössle. Dahinter liegt direkt an der Wutach die Stallegger Brücke und die Staustufe Stallegg. Im ständigen Auf und Ab geht es bis Lenzkirch: Nach der Rötenbachmündung kommt man zur Haslachmündung, hoch hinauf geht es zum Hollochfelsen und über den Mühlenweg wieder hinunter. In Lenzkirch angekommen, können Sie sich im Kurpark erholen, bevor die letzten Kilometer in Angriff genommen werden. 300 Höhenmeter sind dann nochmals zu bewältigen, bevor man den Fischerbacher Höchst auf 1.110 m erreicht. Dann geht es aber nur noch abwärts zum Etappenziel Oberfischbach.

Tipp: Unterschätzen Sie bei dieser Etappe die Höhenmeter nicht. Nehmen Sie auf jeden Fall die Alternative über die Rauhhalde nach Lenzkirch, vorbei am Rechen- und Hollochfelsen.

Fürst zu Fürstenberg

Die Grafen und nachmaligen Fürsten von Fürstenberg gehören zum ältesten europäischen Hochadel. Sie lassen sich mit einiger Wahrscheinlichkeit auf die Unruochinger, eine fränkische Grafenfamilie in Innerschwaben zur Zeit Karls des Großen (um 800), zurückführen. Dank einer klugen Heiratspolitik, mehrerer günstiger Erbgänge und der engen Anlehnung an das Haus Habsburg können die Fürstenberger ihre Territorien ausbauen. Der Familiensitz ist im Schloss in Donaueschingen, aber die Ländereien erstrecken sich vom Schwarzwald bis zum Bodensee. Der Fürstenberg Forst bewirtschaftet heute für den Waldeigentümer Christian Erbprinz zu Fürstenberg eine Fläche von rund 18.000 Hektar Wald. Dem Fürstenberg Forst wurde bundesweit als einem der ersten Forstbetriebe in Deutschland das Nachhaltigkeitszertifikat nach PEFC verliehen.
Noch bekannter ist jedoch die fürstlich Fürstenbergische Brauerei. Bereits 1283 begann die Geschichte, als damals die Grafschaft Baar samt Donaueschingen und dem Braurecht an Heinrich von Fürstenberg übertragen wurde. In den vergangenen Jahrhunderten ist die Brauerei kontinuierlich gewachsen, wurde zur ersten Versandbrauerei Deutschlands und gehörte zum erwählten Kreis der ersten Brauereien, der das Prädikat „Premium-Bier" zugesprochen wurde.
Anfang 2005 wird, der Tradition folgend, der vertraute Slogan „Fürstenberg. Eines der besten Biere der Welt." wieder eingeführt. Beim DLG-Qualitätswettbewerb gewinnt Fürstenberg die höchste Anzahl an Medaillen, die je bei dem härtesten Biertest der Welt verliehen wurde. Mit stolzen 18 Medaillen, darunter 16 goldene, ist Fürstenberg die erfolgreichste Brauerei Deutschlands!

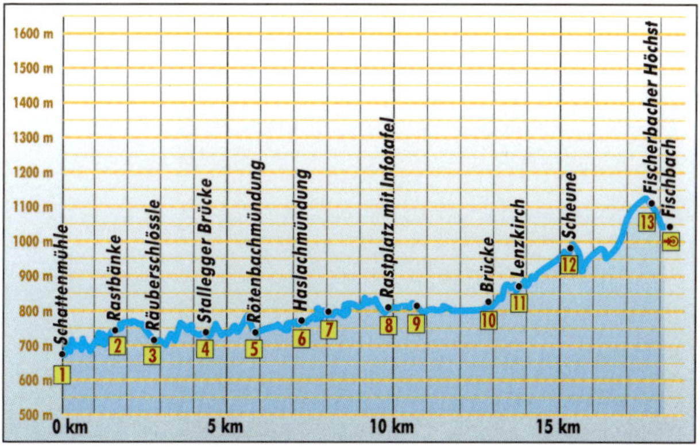

Schattenmühle

1 0,0 Am Landgasthof und Bauernanwesen Schattenmühle startet diese Etappe ~ an der Brücke über die **Wutach** ~ der Schluchtensteig führt gegenüber des **Parkplatzes** nach oben ~ über Treppen steil aufwärts und schnell immer höher ~ beim breiten Forstweg links ~ es geht leicht abwärts durch Mischwald.

TIPP In diesem Abschnitt finden Sie eine zusätzliche Markierung vom Querweg Freiburg-Bodensee: weiß-rote Raute auf gelbem Hintergrund.

Bald schon steigt der Weg wieder langsam an.

2 1,7 Nach dem Waldaustritt stehen rechts vier **Rastbänke** mit Tisch ~ der Forstweg führt weiter aufwärts ~ beim Wegweiser links Richtung Räuberschlössle.

AUSSICHT Ein schönes Panorama zeigt am gegenüber liegenden Hang Gündelwangen mit seiner netten Kirche.

Über einen Wiesenweg ~ nach ca. 200 m rechts auf einen breiten Weg ~ an einem Feld entlang ~ dann links, ein Pfad bringt Sie zum Schild „Willkommen im Forstbetrieb Fürst zu Fürstenberg".

Im fürstlichen Wald geht es weiter zwischen Büschen und alten Wurzeln ~ bald rechts halten ~ ein Pfad führt am Hang entlang zum Räuberschlössle.

3 2,9 Beim Holzschild rechts.

TIPP Links kommen Sie nach 20 m zum sogenannten Räuberschlössle. Heute gibt es hier zwar keine Räuber mehr und keine Ruine – dafür aber einen herrlichen Rast- und Ruheplatz. Es handelt sich dabei um ein kleines, fast kreisrundes Felsplateau, welches 80 m über dem hier sehr engen Schluchtengrund liegt.

Räuberschlössle

Die Burg Neu-Blumegg, auch Räuberschlössle genannt, ist eine

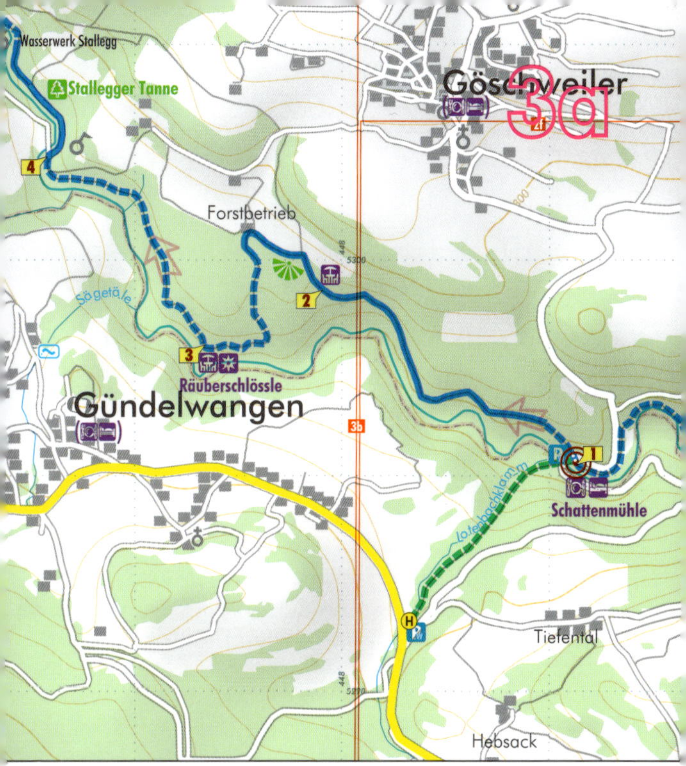

Burgruine. Die Burg wurde bereits im 14. Jahrhundert erwähnt, als Besitzer werden die Herren von Blumegg genannt. Die Burg, 1525 zerstört, diente später als Versteck für das Gesinde – weshalb man die Ruine auch „Räuberschlössle" nannte. Von der auf einem Felsen in der Wutachschlucht gelegenen Burganlage sind kaum noch Mauerreste erhalten.

Auf einem Waldpfad und über Stufen aufwärts ~ der Weg führt hoch über der Wutach ~ oben links, nun auf schattigem, bequemem Weg geradeaus ~ im Tal rauscht das Wasser.

TIPP Dieser Abschnitt ist immer feucht, gutes Schuhwerk ist hier besonders wichtig.

Nun geht es abwärts.

4 4,4 An der **Stallegger Brücke** Richtung Rötenbachmündung.

TIPP Die Höhenangaben differieren hier: 687 m sagt das alte Schild, das neue 700 m. Zuerst lohnt auf jeden Fall der Weg auf die Brücke zur Infotafel.

Weiter Richtung Rötenbachmündung ⤳ ein breiter Forstweg oberhalb der Wutach führt vorbei an der 49 m hohen und ca. 250 Jahre alten **Stallegger Tanne** ⤳ weiter entlang des renovierten Wasserwerkes Stallegg zur Staumauer.

Wasserkraftwerk Stallegg

Das älteste Flusskraftwerk Badens erzeugt bereits seit 1889 Strom zur Beleuchtung des Fürstenhauses. Als der Fürst zu Fürstenberg anlässlich der Internationalen Elektrotechnischen Ausstellung in Frankfurt am Main 1891 erkannte, dass es möglich war, Strom über große Entfernungen zu transportieren, entstand der Wunsch nach einem eigenen Flusskraftwerk. Hierfür kam in der Nähe nur die Wutach in Frage. 1894 wurde mit den Bauarbeiten unterhalb der Burg Stallegg an der Wutach begonnen. Die Bogenstaumauer aus dem neuen Werkstoff Beton ist Anfang des Jahres 1895 fertiggestellt worden. Das Prinzip der Bogenstaumauer war für die damalige Zeit revolutionär. Ab September 1895 wurde so das Pumpenhaus der Brauerei mit Strom versorgt. Am 6. Oktober 1895 bricht schließlich für die Bevölkerung eine neue Ära an: 3.480 in Wohnungen und auf den Straßen von Donaueschingen installierte Lampen erhellen die Nacht! Am 1. Juli 1979 wird das Werk stillgelegt. Nach einem heftig ausgetragenen Disput über das Schicksal der Anlage wurde sie verkauft und dient seit dem Jahr 2000 wieder zur Gewinnung von Strom. Die Kaplan-Turbine produziert 355 kW Strom in der Stunde.

Nun führt ein Pfad kurz noch einmal kräftig aufwärts bis zum Wegweiser „Ob der Rötenbachmündung“ ⤳ links auf den breiten Forstweg Richtung Lenzkirch (noch 7,5 km) ⤳ kurz steil abwärts zur **Rötenbachmündung** ⤳ ein herrlicher **Rastplatz** lädt zum Verweilen ein.

5 5,9 An der Rötenbachmündung über die **Brücke** ⤳ am Hang entlang, kurz aufwärts ⤳ bald führt der Pfad links abwärts ⤳ der schmale Weg verläuft direkt neben dem Fluss über Stock und Stein ⤳ bald geht es wieder steil bergauf ⤳ hier stehen Sie nun fast senkrecht über der Wutach ⤳ wieder geht es hinunter zum Fluss.

6 7,2 Auch an der **Haslachmündung** gibt es zwei schöne Brücken und eine **Rastbank**.

Haslachmündung

Das Quellgebiet der Haslach liegt an der Bärhalde im Feldberggebiet auf 1.250 m Höhe ü. NN. Zahl-

3b
Kapf
855
Rötenbachschlucht
Rötenbach
Wutach
Wasserwerk Stallegg
Stallegger Tanne
3a
3c
Forstbetrieb
Sögetäle
Räuberschlössle
Gündelwangen
olzschlag
6
5
4
3
2
5302
5300
5298
446
448

reiche Bäche kommen auf ihrem Lauf durch das sonnige Haslachtal hinzu. Unterhalb von Lenzkirch hat sich das Flüssle tief in das Grundgebirge eingegraben und die wildromantische Haslachschlucht geformt, an deren Ende sie in die Gutach einmündet und dann mit ihr zusammen die bekannte Wutach bildet. Für die Menschen, die schon vor Jahrunderten am Fluss lebten, war die wasserreiche Haslach von hoher wirtschaftlicher Bedeutung, wurden doch an ihren Ufern zeitweise bis zu zwanzig Mühlen betrieben. Die Länge der Haslach von der Quelle bis zur Mündung beträgt ca. 17 Kilometer und die Höhendifferenz liegt bei rund 530 Metern.

Der Schluchtensteig führt nach der ersten Brücke geradeaus ⁓ auf einem Waldweg steil aufwärt.

VARIANTE Wer lieber auf breitem Weg wandert, geht weiter bergauf und oben links Richtung Lenzkirch. Kurz vor dem Bahnhof Kappel-Grünwald treffen Sie wieder auf die Hauptroute.

Für geübte Wanderer geht es bald links auf einen Pfad ⁓ über Brücken und Treppen hinunter zur **Haslach** – ein wunderschöner Wegabschnitt ⁓ zum **Rechenfelsen** steil aufwärts ⁓ wieder eine Weile an der Haslach entlang und abermals steil hinauf zum Hollochfelsen.

Haslachmündung

Bähnle-Radweg

Der Bähnle-Radweg verläuft auf der Trasse der 1976 nach fast 70-jährigem Betrieb stillgelegten Eisenbahnstrecke zwischen Bonndorf und Neustadt. Der Reiz dieses Radweges liegt in seinen vielen Gegensätzen: ein flach verlaufender Fahrweg inmitten tief eingeschnittener Täler und steil aufragender Bergflanken, tiefe Geländeeinschnitte und hohe Dämme mit langen Kurvenradien. Die Attraktion sind die zahlreichen historischen Bahngebäude und Brücken, insbesondere der Klausenbachviadukt, eine eiserne Untergurtbrücke bei der Löffelschmiede mit einer Spannweite von über 46 Metern.

AUSSICHT Auf der neuen Aussichtskanzel haben Sie einen wunderschönen Blick auf die Schlucht.

Rastbank vor Lenzkirch

Es geht weiter aufwärts.

7 8,0 Auf einem breiten Forstweg links ⁓ nun bequem auf der **Hochfläche** entlang.

TIPP Rad- und Wanderweg trennen sich hier – der Schluchtensteig hält sich rechts.

Sie können nun schon den alten Bahnhof von Kappel-Grünwald sehen ⁓ bald ist eine **Rastbank** erreicht.

Kappel-Grünwald

Der Straße rechts aufwärts folgen ⁓ nach nur ca. 100 m am Wegweiser Rauhalde die Straße verlassen ⁓ links abwärts über Wiesen ⁓ weiter durch den Wald ⁓ nach einer Brücke auf dem **Mühlenweg** nach links ⁓ ein netter Pfad führt hinab, erst durch einen **Tunnel** direkt am Bachlauf, später am Fels steil hinunter.

8 9,9 Beim **Rastplatz** mit **Infotafel** zu den Mühlen rechts.

Der **Mühlenrundweg** beginnt in Kappel (Lenzkirch) und zeigt den landschaftlichen Übergang von der Haslach- zur Wutachschlucht. Betreut und gepflegt wird dieser Weg, der an mehreren Mühlen vorbeiführt, vom Heimatverein Kappel.

Auf einem Wiesenweg am Bach entlang ⁓ rechts noch einmal richtig steil aufwärts ⁓ den breiten Forstweg überqueren und geradeaus weiter.

9 10,8 Am Wegweiser „An der Schleifensäge" links ⁓ am Weg findet man viele wilde Himbeeren ⁓ zum **Rappenfelsen** mit **Rastbank** ⁓ bald geht es aus dem Wald hinaus und vor Ihnen liegt Lenzkirch ⁓ links und dann sofort rechts ⁓ nun immer gerade aus weiter ⁓ auf dem Asphaltweg vorbei an Weiden und Höfen nach Lenzkirch ⁓ im Ort führt der Schluchtensteig nach der **Holzschnitzerei** links und gleich wieder rechts ⁓ nun immer gerade aus ⁓ an der **Atmos Akademie** links.

3d
Franzosenkreuz
Sommerberg
930
Alt-Urach
Lenzkirch
Kappel
Mittelberg
885
Haslach
Freiburger Straße
Ludwig-Kegel-Straße
Kolumban-Kayser-Straße
Trenschelweg
Bonndorfer Straße
B315
10
9
11
3e
3c
3f
Herrgottsbächle
Ruhbühl
Schönenberg
880
Geschindbächle
Großmoosbächle
Rudbächle
Klausenhof
Buchschachen
900
Waldhöfe
1025
1000
1100

Lenzkirch

PLZ: 79853; Vorwahl: 07653

- **Bürgerservice und Tourist-Info Lenzkirch**, Am Kurpark 2, ✆ 68444, www.lenzkirch-schwarzwald.de
- **Alt-Urach**. Die Ruine Alt-Urach steht direkt an der B 315 am Ortsausgang von Lenzkirch in Richtung Titisee. Die Burganlage wurde im 13. Jh. durch die edelfreien Herren von Urach erbaut.
- **Bahnhof Kappel-Gutachbrücke**. Der ehemalige Bahnhof Kappel-Gutachbrücke ist ein stillgelegter Bahnhof an der ehemaligen Bahnstrecke von Neustadt über Lenzkirch nach Bonndorf.
- Die **Gutachbrücke** ist eine Bahnbrücke der Höllentalbahn (Hintere Höllentalbahn) auf dem Streckenabschnitt zwischen Neustadt und Rötenbach.
- **Eulogiusmarkt**. Dieser große Markt findet immer am Sonntag vor dem 25. Juni oder direkt am 25. Juni statt, wenn dieser Tag ein Sonntag ist.
- **Michaelimarkt**. Ebenfalls ein großer Markt, der immer am 1. Montag im Oktober stattfindet.
- **Vogelpfad** Lenzkirch, informativer Rundweg für Groß und Klein.
- **Freischwimmbad** Lenzkirch, ✆ 400, beheizt

Der heilklimatische Kurort Lenzkirch liegt mit seinen Ortsteilen Saig, Kappel, Raitenbuch und Grünwald im Herzen des Hochschwarzwaldes. Zwischen Titisee, Feldberg, Schluchsee und der wildromantischen Wutach-Schlucht. Lenzkirch, auf einer Höhe von 810 Höhenmetern im sonnigen Haslachtal, hat der ganzen Gemeinde den Namen gegeben.

Rastplatz mit Blick über Lenzkirch

Lenzkirch

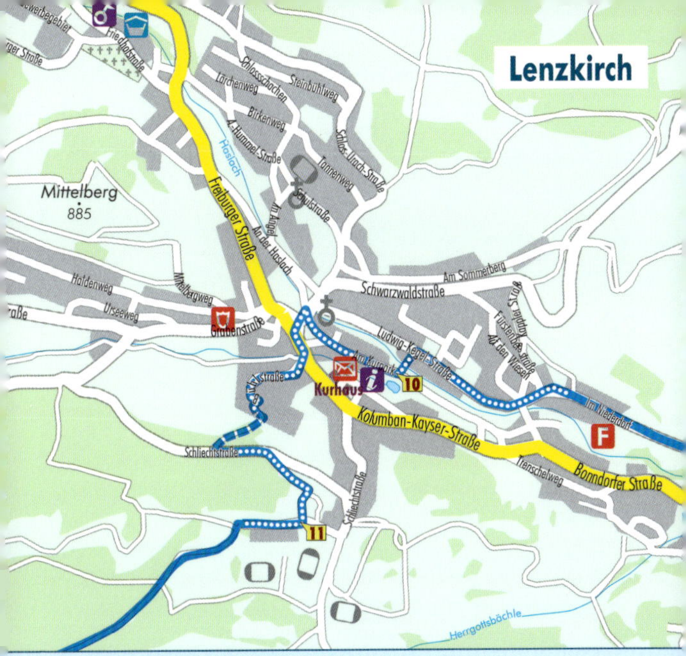

Sehenswert sind in Lenzkirch die Reste der mittelalterlichen Burg Alt-Urach, die am nordwestlichen Ortsausgang erkundet werden kann. In seiner Geschichte wechselte der Ort mehrfach seine Zugehörigkeit. Ende des 13. Jahrhunderts fiel Lenzkirch an die Grafen von Lupfen und ging Ende des 15. Jahrhunderts an die Grafen von Fürstenberg über, ehe es 1806 an das Großherzogtum Baden fiel. Besonders Wanderbegeisterte finden in naher Umgebung attraktive Landschaften rund um den Titisee und dem Schluchsee. Der Bähnle-Radweg ist ideal für eine Radtour mit der ganzen Familie. Er führt auf der alten Bahntrasse von Lenzkirch nach Bonndorf und beeindruckt u. a. mit dem über hundert Jahre alten Klausenbachviadukt. Doch auch die Entspannung sollte nicht zu kurz kommen. 2 Kilometer entfernt von Lenzkirch-Ort lockt das „Freibad Kappel", für dessen Erhaltung sich eigens ein Förderverein gebildet hat, seine Gäste mit Sonne, Ruhe und Idylle.

10 12,9 Nach der **Brücke** rechts ins Zentrum von Lenzkirch.

Lenzkirch

Dem großen Wegweiser an der Hauptstraße nach links folgen ⤳ über den Zebrastreifen ⤳ wieder links Richtung Urseebach ⤳ an der **Brücke** eine **Infotafel** zum Schluchtensteig ⤳ kurz danach rechts Richtung Geopark, Fischbach ⤳ durch die **Bühlstraße** ⤳ nach dem **Haus „Am Wald"** kurz auf einem Wiesenweg ⤳ weiter auf einem Pfad aufwärts.

TIPP Hier finden Sie wieder eine zusätzliche Markierung: rote Raute mit weißem Strich (Mittelweg).

An der Asphaltstraße links ⤳ schöner Blick auf Lenzkirch ⤳ nach 100 m rechts auf einen Pfad ⤳ durch eine Schneise mit blühenden Büschen und Pflanzen ⤳ der herrliche **Rastplatz** am Geopark lädt zum Verweilen ein.

11 13,8 Vorbei an den **Gesteinsquadern** geht es weiter.

Geopark Lenzkirch. Geologisch und heimatkundlich Interessierten erzählen zahlreiche große Felsbrocken, die entlang des Wanderweges und rund um den Aussichtspunkt aufgestellt wurden, vieles aus der Erdgeschichte des Hochschwarzwaldes. Kleine Metallschildchen auf den Steinen zeigen dem Wanderer, ob es sich um Haslachgranit, Grauwacken, Buntsandstein oder Porphyr handelt. Über die Vergletscherungen der Eiszeit im Haslach- und im Urseetal, über Gesteinsformationen und die Lage der Endmoränen gibt eine Informationstafel detailliert Auskunft.

Nach dem Geopark rechts ~ auf der Asphaltstraße aufwärts ~ vorbei an den **Sportanlagen** von Lenzkirch ~ nach nur 100 m auf der Straße **Yomai** links in den Forstweg **Stöcklerbergrundweg** ~ der Weg steigt stetig an im Wald ~ an einer Lichtung leicht links den unteren Weg nehmen ~ leicht abwärts, bis zu einem Forstweg bei einer **Scheune**.

12 16,4 An der Wegkreuzung links ~ auf dem Forstweg nun wieder aufwärts, an Weiden vorbei bis zur Cyriaks-Kapelle.

St. Cyriaks-Kapelle. Die Kapelle wurde erstmals 1316 erwähnt. Sie lag bis zum Bau der neuen Straße im Jahr 1875 direkt am Verbindungsweg zwischen Lenzkirch und Fischbach. Auf dem barocken Altarbild ist der Heilige Cyriakus dargestellt im Gewand eines Diakons. Der Heilige gilt seit jeher als

Schutzheiliger der Armen und Unterdrückten. In ländlichen Gegenden wurde er früh zum volkstümlichen Heiligen, der auch zum Kreis der 14 Nothelfer gehört.

TIPP Der Rastplatz oberhalb der Kirche lohnt zum Entspannen, denn nochmals geht es steil bergauf.

Vorbei an schönen Bauernanwesen in **Schwende** bis zum „Schwendehof".

TIPP Wer möchte, kann sich mit Proviant für den nächsten Tag eindecken.

„Schwendehof Käskessele". Im Hochschwarzwald, zwischen Lenzkirch und Schluchsee, liegt der Schwendehof in idyllischer Lage auf ca. 1.000 Metern Seehöhe. Der Bioland-Betrieb setzt auf Schafe! Landwirt Christoph Schäfer macht aus ihrer Milch und der Kuhmilch vom Nachbarhof Käse – und mittlerweile hat sich die hohe Qualität der Produkte herumgesprochen. Vor allem der vorzügliche, cremige Joghurt im großen Schraubglas kann süchtig machen. Zu den weiteren Produkten zählen der Bergbauernkäse und Bergkäse, verschiedene Sorten Schnittkäse, Saiger Laible (eine Art Münsterkäse) sowie Brie und Camembert. Den Münsterkäse gibt es auch aus Schafsmilch. Angeboten wird im Käskessele auch ganz magerer Schinken aus Rindfleisch (fast wie Bündnerfleisch), Salami aus Schweinefleisch oder aus Rindfleisch, würzige Rohesser und natürlich auch der „normale" Schwarzwälder Schinken (auf alte Art in Lake eingelegt und langsam kalt geräuchert).

Beim Schwendehof nun ein letztes Mal auf dieser Etappe sehr steil aufwärts bis zum Fischerbacher Höchst auf 1.110 m.

13 17,8 Ein herrlicher Rastplatz mit Sport- und Spielplatz und Brunnen lädt hier zum Erholen ein ~ einige Meter auf breitem Forstweg abwärts ~ der Weg zweigt rechts ab (Gelbe Raute) Richtung Fischbach.

18,3 Bei der **Bushaltestelle** an der **L 156** endet diese Etappe.

Fischbach

Gasthof Hirschen, Dorfstr. 4, ✆ 07661/93020

Die ehemals selbständige, 757 Hektar große Gemeinde Fischbach liegt im oberen und mittleren Teil des gleichnamigen Tales auf Höhen zwischen 1.000 und 1.175 m Seehöhe nördlich von Schluchsee. Der Name, ursprünglich „Vischbach" geschrieben, kommt wohl von dem fischreichen Gewässer „Fischbach", der schon vor der Besiedlung dem Tal diesen Namen gegeben hatte. Fischbach gehörte zur Herrschaft Lenzkirch.

AUSFLUG Zum Einkehren, Übernachten oder einfach für einen schönen Ausflug zwischendurch kommen Sie mit der Buslinie 7257 nach Schluchsee. Der Bus fährt allerdings nur ca. alle drei Stunden – bitte vorher unbedingt nach den Fahrzeiten erkundigen.

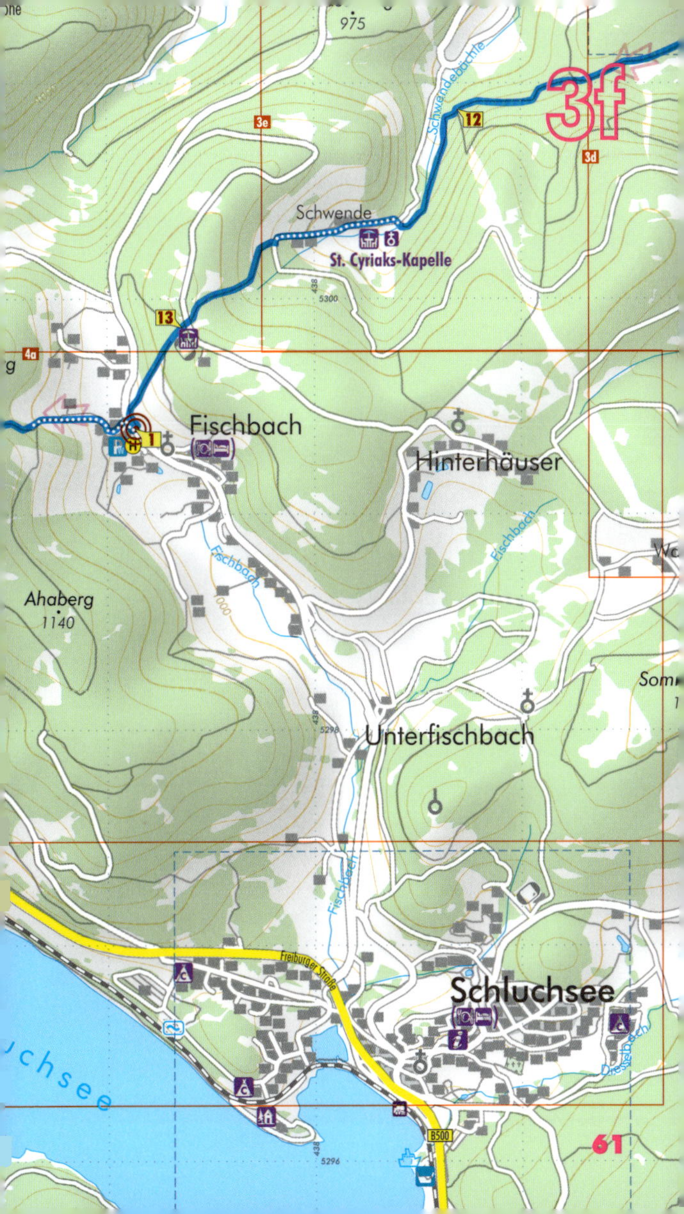
975
3f
12
3e
3d
Schwendebächle
Schwende
St. Cyriaks-Kapelle
438
5300
13
4a
Fischbach
1
Hinterhäuser
Fischbach
Fischbach
Ahaberg
1140
1000
438
5298
Unterfischbach
Fischbach
Freiburger Straße
Schluchsee
Dresselbach
B500
438
5296

Schluchsee

PLZ: 79859; Vorwahl: 07656

- **Tourist-Information**, Fischbacher Str. 7, ✆ 7732, www.schluchsee.de
- **Bootsfahrten – Seerundfahrten**, ✆ 0171/7727237, Rundfahrtenschiff St. Nikolaus ab Strandbad Schluchsee zu jeder vollen Stunde von 10-17 Uhr. Anlegestellen: Aha, Staumauer, Seebrugg
- Höchstgelegene **Talsperre** Deutschlands
- **Bootsverleih** Schlachter, ✆ 512, beim Strandbad und im Wolfsgrund
- **MÜLLER's Bootsvermietung**, an der Staumauer, ✆ 0170/3803299 oder 07656/850
- **Pferdekutschenfahrten**, ✆ 440, ✆ 1381 oder ✆ 1344
- **Spaßbad Aqua Fun**, ✆ 7732, beheiztes Freibad mit Superrutsche, Schwimmkanal, Abenteuerspielplatz, Sprudelliegen direkt am Schluchsee

Der Ort Schluchsee ist seit 1974 anerkannter Luftkurort. Er liegt oberhalb des einstigen Gletschersees. Schluchsee selbst wird urkundlich erstmals im Jahr 1082 n. Chr. erwähnt und zählt somit zu den ältesten schriftlich genannten Siedlungen im Hochschwarzwald. Grund für diese frühe Besiedelung war der Gletschersee, der schon im frühen Mittelalter einigen Menschen als Lebensgrundlage diente.

Im Mittelalter konnten Mönche Fischzucht betreiben und die Wälder in der Umgebung dienten als Rohstoffe für den gesamten Südschwarzwald. Im 19. Jahrhundert nahm die Bevölkerung stark ab – als Folge der Industrialisierung

Am Schluchsee

und der mangelnden Infrastruktur im Hochschwarzwald. Dies änderte sich erst Ende 19. Jahrhunderts durch den verbesserten Straßenbau durch das Höllental und den Bau der Höllentalbahn und Dreiseenbahn nach Schluchsee. Damals kam der Tourismus in den Hochschwarzwald. Heute besteht Schluchsee aus Aha, am nördlichen Ende des Schluchsees (der Ortsname leitet sich aus dem Althochdeutschen „Aha = fließendes Gewässer" ab), Blasiwald, Eisenbreche, Fischbach, Faulenfürst, Schönbach und Schwarzhalden.

Der Riesenbühlturm

Bereits 1931 entstand auf dem Riesenbühl, einer Anhöhe über dem Ort Schluchsee – aufgrund seiner Lage und der außerordentlich schönen Fernsicht – ein Aussichtsturm auf 1.097 Metern Seehöhe. Der erste Anlauf zum Wiederaufbau Ende der 1970er Jahre scheiterte. Als Zeichen der Verbundenheit wurde das Bauholz, ein Geschenk der Stadt Freiburg, in einer bürgerschaftlichen Aktion selbst gehauen. Aufgrund des Materials (Douglasien), Fundament und Konstruktion bietet der Turm heute wieder mit 36,5 Metern Höhe bis zur Turmspitze absolute Sicherheit gegen Windstärken und ein fantastisches Panorama.

Etappe 4 20,1 km

Fischbach - St. Blasien

Start: **Fischbach**

Ziel: **St. Blasien**

Gehzeit: **5,5 Std.**

Aufstieg: **440 m**

Abstieg: **730 m**

Hartbelag: **16,5 %**

Spazierwege: **71 %**

Wanderpfade: **12,5 %**

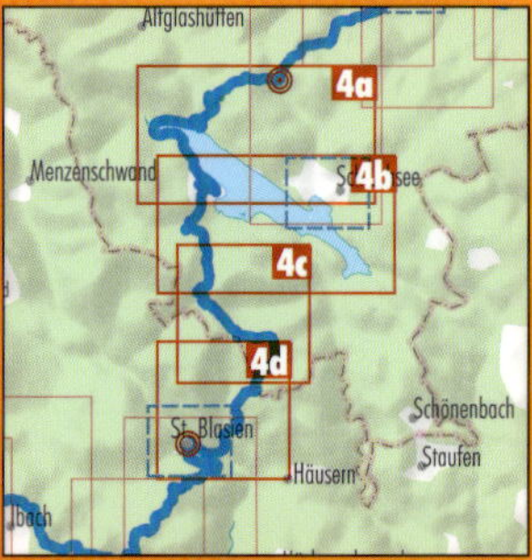

Charakteristik: Vom Bergdorf Fischbach geht eine fast schluchtenfreie Etappe nach St. Blasien – auf Highlights muss man aber dennoch nicht verzichten. Vom Bildstein mit seinen 1.134 Metern Höhe schweift der Blick zum Feldberg und in die Alpen. Vorbei am Schluchsee, dem größten Schwarzwaldsee, geht es weiter. Die Etappe hat zwei längere, aber moderate Aufstiege. Abwechslung gibt es zu Hauf: Aussichtsberg, Stausee, Heidelandschaft, einsame Bauernanwesen und vieles mehr. Kurz vor Schluss erreichen Sie den Windberg-Wasserfall – ein einmalig schönes Naturschauspiel. Bald ist der Dom von St. Blasien in Sicht – völlig überdimensioniert für einen kleinen Schwarzwaldort: die drittgrößte Kirchenkuppel Europas wartet hier im beschaulichen St. Blasien auf Sie.

Tipp: Sie sollten nicht allzu viel frühstücken, denn eine Einkehr in der Vesperstube Unterkrummenhof direkt am Schluchsee ist ein MUSS.

Blick auf den Schluchsee

Fischbach

1 0,0 Oberhalb des Gasthofes Hirschen, nach dem **Wanderparkplatz** links ~ auf dem **Bildsteinweg** vorbei an einer Infotafel zum Schluchtensteig ~ am Bauernhof „Wirtshof" bergauf ~ alte Wegweisung nach Bildstein-Aha Schluchsee ~ im Wald führt ein breiter Forstweg bis auf die Höhe ~ hier halblinks abbiegen ~ am Abzweig am Zwerisberg, 1.140 m, geradeaus weiter Richtung Aha-Auerhahn auf einem **Schotterweg** im Wald ~ einen kleinen Stich nach oben,

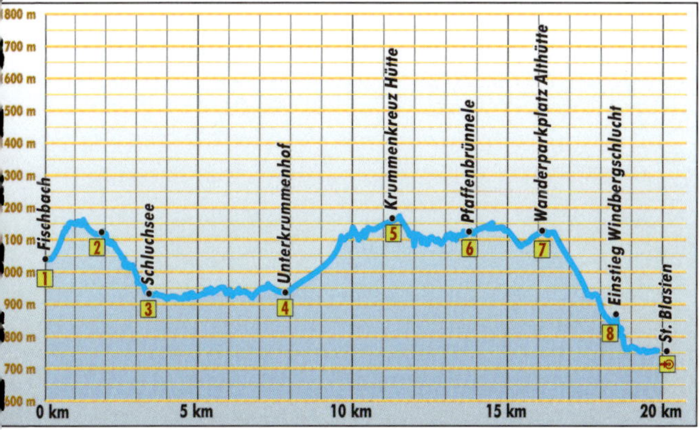

dort wird der Weg schmäler und geht in einen Pfad über.

2 1,9 Es geht zu einem einmaligen Aussichtspunkt.

AUSSICHT Beim Wegweiser Bildstein sollten Sie auf jeden Fall die 200 m zum Gipfel noch hinaufgehen. Der Feldberg, die Alpen und der See bieten ein einzigartiges Panorama. Der Schluchsee liegt Ihnen komplett zu Füßen – ein herrlicher Anblick ist das blaue Wasser zwischen dem Tannengrün.

Nun dem schmalen Weg rechts abwärts folgen ⤳ Sie treten aus dem Wald und sehen noch einmal den Schluchsee ⤳ eine nette Rastbank würde schon wieder zum Verweilen einladen ⤳ weiter auf schmalem Weg im Zickzack, durch dichten Jungwald bergab (evtl. Stöcke) ⤳ bald treffen Sie

auf einen breiten Weg, den Sie nur überqueren ⁓ auf schmalem Weg nach 10 m sofort wieder rechts abwärts ⁓ bequem weiter bergab durch einen lichten Fichtenwald ⁓ bald sehen Sie schon eine Eisenbahnbrücke, unter welcher der Weg hindurch führt ⁓ vorbei am Haus des **Seglerhofs** kommen Sie beim Hotel Auerhahn zur Straße.

TIPP

Die Markierung wechselt in blaue Raute.

3 3,4 Durch die Fußgängerunterführung unter der **B 500** hindurch zum Schluchsee ⁓ nach der Unterführung rechts dem Radweg folgen, vorbei an den Segelbooten ⁓ bald geht es links auf einem Pfad am See entlang ⁓ hier hat man die Möglichkeit,

Der Schluchsee

Der Schluchsee liegt auf 930 Metern Höhe. Er ist ca. 7,5 Kilometer lang und 1 Kilometer breit. Die größte Tiefe im Ursee beträgt ca. 62 Meter. Der Schluchsee hat die höchstgelegene Talsperre Deutschlands. An manchen Stellen wirkt der See fast wie ein Park. Der See bleibt auch noch im Hochsommer, wenn in den tieferen Lagen die Seen langsam warm werden, angenehm frisch. Der Schluchsee wird vor allem gern zum Baden und Segeln genutzt. Im Gegensatz zum Titisee hat fast der gesamte Schluchsee gut zugängliche Ufer. Daher wird der Schluchsee im Sommer sehr rege genutzt und gilt in der Umgebung – bis über die Schweizer Grenze – als beliebtes Freizeitziel.

Der ursprüngliche See

Der ursprüngliche Schluchsee, wie er bis zur Fertigstellung der Staumauer 1932 bestand, verdankt seine Existenz der ehemaligen Vergletscherung des Feldberg-Gebietes. Während des Abklingens der letzten Eiszeit vor ca. 65.000 Jahren hatte der Aha-Schluchsee-Gletscher bei Seebrugg eine Erdmoräne hinterlassen. Nach dem Abschmelzen dieses Gletschers sammelten sich die Schmelzwasser in dem durch die Erdmoräne abgeriegelten Aha-Schluchsee-Teil.

Badestrand am Schluchsee

Der ursprüngliche See war ein 3 Kilometer langer, 31 Meter tiefer, 300 bis 900 Meter breiter und ins Tal eingesenkter See.

Der Stausee

Die 63,5 Meter hohe Staumauer wurde zwischen 1929 und 1932 errichtet. Gestaut wird die Schwarza. Zum Bau der Gewichtsstaumauer musste der natürliche See zunächst um 13 Meter abgesenkt werden. Das geschah 1930 durch einen Stollen, der in den Fels gesprengt wurde. Daraufhin konnte man das Einlaufbauwerk errichten.

Dadurch veränderte sich die gesamte Landschaft völlig. Wiesen, Straßen, aber auch Gebäude wurden überspült – unter anderem im Bereich der Staumauer die alte „See-Brugg" (besser bekannt als die alte Staumauer) mit Seehof und Paulhof und im Bereich Seebrugg die alte Poststraße, das Hotel „Seebrugg" und die „Zehntscheuer". Während des Zweiten Weltkrieges wurde der See mit Torf abgedeckt, um die Staumauer vor einem Bombardement zu schützen. Im Laufe der Jahre hat sich dieser Torf auf den Grund abgesetzt. 1983 wurde zu Revisionszwecken fast das gesamte Wasser des Sees abgelassen. Das seltene Ereignis lockte viele Besucher an, da erstmals wieder Rudimente überfluteter, früherer Bebauung sichtbar wurden. Der Schluchsee ist der höchstgelegene See in einer Reihe von Speicherseen der Schluchseewerke AG. Diese Tatsache bringt es mit sich, dass ständig in einem gewissen Rahmen Wasser ab- und zugepumpt wird.

„Schlucksee"

Bundesweit berühmt wurde der Schluchsee unter dem Namen „Schlucksee", weil die Deutsche Fußballnationalmannschaft 1982 dort ihr Trainingslager aufschlug und einzelne Spieler die Freiheiten, die ihnen Bundestrainer Jupp Derwall ließ, weidlich ausnutzten. Alkohol, Kartenspiel und andere Eskapaden warfen ein schlechtes Licht auf die späteren Vizeweltmeister.

am **Sandstrand** zu verweilen und ein erfrischendes Bad zu nehmen ~ oberhalb der Straße sehen Sie die Bauernhöfe von Aha ~ der Weg wird breiter und führt nun links am verkehrsfreien Ufer entlang ~ auf dem **Seeweg** sind wir nicht alleine: Radfahrer, Jogger und Wanderer sowie Fischer und Badende sind hier anzutreffen ~ Sie umrunden weiter den See bis die ersten Wiesen auftauchen und ein **einzelner Hof** zu sehen ist ~ an einer landschaftlich einmaligen Stelle steht die Vesperstube Unterkrummenhof.

Unterkrummenhof

Vesperstube Unterkrummenhof, Schluchsee-Aha, ✆ 07656/1500, ÖZ: Sommermonate, Di-So/Fei 10-18 Uhr. Seit fast 30 Jahren gibt es in dem staatseigenen Hof eine Vesperstube. Der

jetzige Hof stammt aus dem Jahr 1788. Historisch belegt ist, dass der Unterkummenhof mit 71 ha Wiesen- und Weidfeldern, 41 ha Wald und zehn Hektar Torfmoos im Jahre 1840 für damals 111.428 Mark an den Staat verkauft wurde. Seit Juni 1979 wird der Unterkrummenhof als Vesperstube betrieben. Das Getränke- und Speiseangebot lässt kaum Wünsche offen. Besonders die beliebte Vesperspezialitäten des Schwarzwaldes locken Jung und Alt. Es ist übrigens auch die letzte Einkehrgelegenheit vor St. Blasien.

4 7,9 Am Wegweiser Unterkrummen, kurz vor der Vesperstube, geht der Weg auf Schotter zwischen Wiesen leicht bergauf ~ schaut man zurück, hat man noch herrliche Blicke über den See ~ bald taucht der Weg in den Wald ein ~ am **Wegweiser Kirschbaumweg** geht es links weiter bergauf auf breitem Forstweg ~ ein Relikt aus alter

Zeit sind die großen Steine am Wegesrand, die als Wegzeichen gedient haben ⤳ der „Mugenländerweg" führt uns über eine **alte Rundbogenbrücke** ⤳ hier stand auch die ehemalige Krummensäge ⤳ rechts weiter, immer noch auf dem breiten Forstweg bergauf bleiben ⤳ einem großen Linksbogen folgen und den anderen Weg unberücksichtigt lassen ⤳ hier bietet sich noch ein letzter freier Blick über den See bis zur Staumauer ⤳ nun geht der Weg durch den Wald auf die Höhe zur Schutzhütte.

5 11,3 Die **Krummenkreuz Hütte** mit einem Brunnen und großem Kreuz lädt zur Rast ⤳ in großen Serpentinen kommen Sie auf breitem Weg zu den **Muchenlandhöfen** ⤳ hier links am **Wanderparkplatz** eine Hinweistafel über das Muchenland und die Geschichte der Glasbläser.

Folgen Sie dem Weg gegenüber der Tafel leicht bergauf ⤳ auch hier sind schöne Schwarzwaldhöfe zu sehen ⤳ weiter geht es durch den Fichtenwald beim **Pfaffengründleweg** biegt der Weg links ab.

6 13,8 Vorbei am **Pfaffenbrünnele**, hier sollen die Mönche auf dem Weg von St. Blasien nach Todtmoos gerastet haben ⤳

Glashütten im Schwarzwald

Der Holzreichtum des Schwarzwalds lieferte die Grundlage für weitere Wirtschaftszweige, die heute weitgehend verschwunden sind. Für das Waldglas lieferte der Schwarzwald Rohstoffe und Energie.

Seinen ersten nachweisbaren Ursprung hat das Glas im alten Ägypten, wo es schon vor über 3.000 Jahren hergestellt wurde. Durch die Römer verbreitete sich die Glasherstellung über den Mittelmeerraum schließlich in das nördliche Europa. Die im großen Stil angelegte Herstellung von Glas im Schwarzwald begann erst im 17. Jahrhundert. Die ersten Förderer von Glashütten im Schwarzwald waren häufig die Klöster und Stifte, die vor allem in der Zeit nach dem Dreißigjährigen Krieg ihre Betriebe erneuerten und ausbauten. Zu den größten Förderer der Glasindustrie im Südschwarzwald gehörten die beiden großen Klöster St. Blasien und St. Peter.

Im Glasgarten neben dem Rathaus in St. Blasien erzählen gläserne Lichtskulpturen die Geschichte der Glashüttengründungen durch das Kloster St. Blasien.

4c
5
Krummenkreuz Hütte
Unter Habsberg
1205
Habsberg
1110
4b
Muchenland
Blasiwald
1000
Bötzberg
1215
4d
6
Pfaffengründleweg
Pfaffenbrünnele
1170
Althütte
Schmalzberg
7
1125
Windbergbächle

Pfaffenbrünnele

nach ca. 400 m aus dem Wald heraus ⇝ sofort erkennt man rechts die typische Vegetation einer **Heidelandschaft** ⇝ Preiselbeeren und Erika sind hier anzutreffen ⇝ durch einen Weidezaun, dann immer geradeaus über die Hochfläche bis zu einem **Asphaltweg**.

TIPP Sie treffen auf den Schwarzwald Mittelweg und folgen dem schwarz-roten Zeichen.

Nach rechts durch die Ortschaft Althütte.

Althütte

Auf der **Hauptstraße** vorbei an der Kapelle die Ortschaft wieder verlassen.

7 16,1 Weiter auf der Fahrstraße bis zum **Wanderparkplatz Althütte** ⇝ nun auf dem **Alten Blasiwaldweg** geradeaus in den Wald ⇝ immer dem Forstweg folgend geht es bald steil bergab ⇝ vorbei an einer über 250 Jahre **alten Weißtanne**, die einen Umfang von 4,10 m und eine Höhe von ca. 39 m hat, kommen Sie zur **Wildberghütte** ⇝ man kann schon das Rauschen des Wasserfalls hören ⇝ kurz geradeaus über die **Brücke**, dann links.

8 18,4 Am Einstieg zur Oberen Windbergschlucht den breiten Weg verlassen ⇝ vorbei am **Windbergwasserfall** führt der Pfad hinab durch die wildromantische **Schlucht** ⇝ über Brücken und Treppen, Stock und Stein, sehr idyllisch – mal diesseits mal jenseits des Wasserlaufs hinunter

ins Tal ⇝ über eine Brücke verlassen Sie die Schlucht und kommen nach St. Blasien ⇝ der Teerstraße abwärts folgen bis zur **Alptalstraße** ⇝ rechts gehen und schon taucht der imposante Dom von St. Blasien auf.

20,1 In St. Blasien haben Sie das Etappenende erreicht.

St. Blasien

PLZ: 79837; Vorwahl: 07672

Tourist-Information St. Blasien, Haus des Gastes, Am Kurgarten 1-3, ✆ 41430, www.st-blasien.de

Das heutige Kolleg, die große Anlage der **ehemaligen Benediktinerabtei** mit den zwei quadratischen Innenhöfen und dem Blasiusdom als Herzstück, ist das bedeutendste Bauwerk im engen Tal des Städtchens St. Blasien. Im 9. Jh. wurde erstmals ein Benediktinerkloster im heutigen St. Blasien erwähnt. Das Kloster war ab dem späten Mittelalter eines der wichtigsten im Schwarzwald, bis es 1806 säkularisiert wurde. Danach wurde im Kloster eine der ersten Maschinenfabriken Deutschlands aufgebaut. Seit 1934 ist das renommierte jesuitische Kolleg St. Blasien mit Internat im Kloster untergebracht.

Der Dom. Nach einer Brandkatastrophe 1768 errichtete der Architekt Pierre Michel d'Ixnard 1768-1781 eine neue Abteikirche im frühklassizistischen Stil. Der Kuppelbau ist mit 46 m im Durchmesser und 63 m Höhe der drittgrößte seiner Art in Europa. Im klassischen Sinn wird das Wort Dom als Bezeichnung einer Bischofskirche verwendet. Das neudeutsche Wort Dom ist dem französischen „dôme" (= Kirche, Kuppel) entlehnt und wird auch zur Benennung anderer bedeutender Kirchen – vornehmlich Kuppelbauten – verwendet. Aus diesem Grund wird auch die Kuppelkirche St. Blasien als Dom bezeichnet. Der Dom zu St.Blasien wird im Volksmund auch Schwarzwälder Dom genannt.

Domkuppel, St. Blasien

Internationale Domkonzerte. Die internationalen Sommerkonzerte im Dom, jeweils von Ende Juni bis Anfang September, mit berühmten und bekannten Chören, Musikensembles und Organisten sind ein Muss für Kulturbegeisterte.

Lungenfachklinik St. Blasien. 1892 wurde das Sanatorium St. Blasien errichtet, welches sich in den folgenden Jahrzehnten zu einer der bekanntesten Lungenheilstätten Deutschlands entwickeln sollte. Noch heute ist die Lungenfachklinik St. Blasien über die Grenzen des Landkreises hinaus bekannt.

Dom Hotel, Hauptstr. 4, ✆ 924690

Die Stadt St. Blasien besteht aus dem Stadtteil St. Blasien und den Ortsteilen Menzenschwand und Albtal. Ist man im Albtal gerade einmal auf 600 Metern Höhe, liegt der höchste Punkt, das Spießhorn in Menzenschwand, ganze 1349 Meter ü. NN.

Kommt der Blasius-Segen aus St. Blasien?

Der erste Blasiussegen wurde vor rund 1.700 Jahren erteilt, als der Bischof Blasius in der armenischen Gemeinde Sebaste, heute die Stadt Silvas in der Osttürkei, kurz vor seinem Märtyrertod sein bekanntestes Wunder wirkte. Blasius starb im Jahre 308. Auf dem Weg zur Hinrichtung kam eine Frau auf ihn zu und legte ihm ihr krankes Kind zu Füßen. Der Knabe hatte eine Fischgräte geschluckt und drohte daran zu ersticken. Mit einem feierlichen Segen löste Blasius die Fischgräte und der Junge konnte wieder frei atmen.

Aus dieser Legende entstand im 16. Jahrhundert der Blasiussegen mit den zwei gekreuzten Kerzen. Durch die Legende mit der Fischgräte wurde der Heilige Blasius zum Schutzpatron bei Halskrankheiten. Der Tag des heiligen Blasius wird am 3. Februar begangen, natürlich auch in St. Blasien, wo der Heilige Schutzpatron und Namensgeber der Gemeinde ist. Allerdings hat der Blasius-Segen seinen Ursprung nicht in St.Blasien, sondern in der Osttürkei.

Etappe 5 18,4 km

St. Blasien - Todtmoos

Start: **St. Blasien**

Ziel: **Todtmoos**

Gehzeit: **5,5 Std.**

Aufstieg: **580 m**

Abstieg: **540 m**

Hartbelag: **14 %**

Spazierwege: **51 %**

Wanderpfade: **35 %**

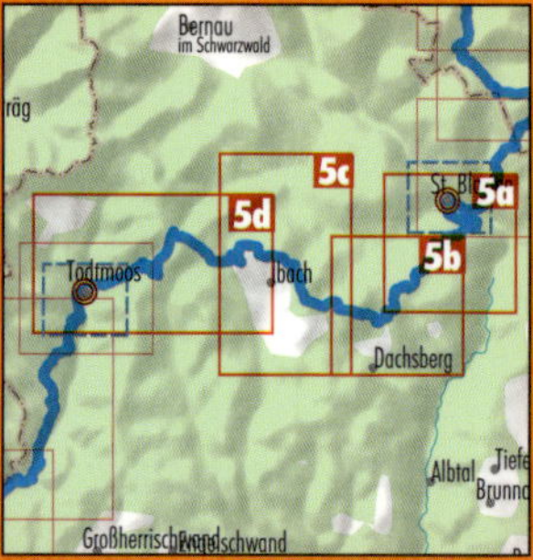

Charakteristik: Im heilklimatischen Kneipp- und Luftkurort St. Blasien startet die 5. Etappe. Statt Kirchenkuppeln gibt es auf dieser Etappe Aussichtskuppen und traumhafte Weidelandschaft. Gleich zu Beginn geht es hoch hinaus: Über 300 Höhenmeter sind es bis zum Lehenkopf, 1039 Meter ü. NN, mit seinem hölzernen Aussichtsturm. Auf der Höhe führt der Weg durch Heidelandschaft bis zur Horbacher Heide mit Alpenpanoramatafel. Der Blick reicht an klaren Tagen bis ins Schweizer Jura und die Schweizer Alpen. Am Ende droht das liebliche Szenario zu kippen, denn der Schluchtensteig führt hinab in die Hohwehrschlucht. Aber keine Angst, hier könnte man auch die Verniedlichungsformel der Schwaben wählen, die da heißt „Hohwehrschlüchtle". Die Wehra hüpft hier jung und vergnügt hinunter nach Todtmoos.

Tipp: Bärigen Hunger bekommt man oft beim Wandern. Wir empfehlen für das Rucksackvesper oder als Mitbringsel für zu Hause einen Besuch beim „Schinken Bär" in Todtmoos.

Blick über St. Blasien

St. Blasien

1 0,0 Start in St. Blasien in der Stadtmitte am ehemaligen **Nordwesttor der Klosteranlage** ~ durch dieses Tor hindurch ~ am **Haus des Gastes** und der Tourist-Information vorbei ~ an der nächsten Kreuzung treffen Sie auf den Wegweiser Richtung Todtmoos (blaue Raute) ~ den **Tusculumweg** entlang geradeaus ~ vorbei an Häusern des Klosterinternats ~ an der alten Mühle rechts in den kleinen Fußweg ~ durch eine **Fußgängerunterführung** ~ nach einigen Metern der nächste Wegweiser Richtung Holzberg.

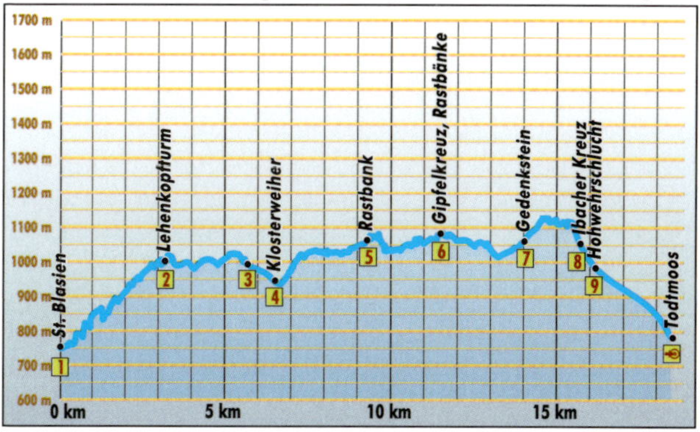

Blick vom Lehenkopfturm

TIPP Ab nun folgen Sie der gelben Raute.

Nun dem **Albert-Weisenberger-Weg** folgen ~ nach wenigen Metern dann auf einem Pfad durch dichten Fichtenwald bergauf mit schönem Blick auf St. Blasien ~ auf dem Pfad bleiben, alle abzweigenden Wege ignorieren ~ der Weg wird wieder breiter und endet in einem Forstweg – diesem nach rechts folgen ~ am Wegweiser Schwandbrünnele links den grasbewachsenen Forstweg bergauf nehmen ~ vorbei an einer großen **Futterstelle** ~ den breiten Forstweg überqueren ~ auf einem weiteren Pfad bergauf ~ an einer Lichtung rechts ein kurzes Stück auf einem breiteren Weg weiter ~ nach ca. 50 m links den Pfad weiter bergauf einschlagen.

2 3,1 Auf schönem Naturweg bis zum **Lehenkopfturm** auf 1039 m. ü. NN.

AUSSICHT Vom hölzernen Turm, 1975 vom Schwarzwaldverein erbaut, hat man einen wunderbaren Blick auf die Feldbergregion und St. Blasien.

Auf schmalem Pfad nach leichtem Abstieg treffen Sie auf einen Forstweg ~ an der **Lehenhütte** einige Informationstafeln ~ nach ca. 400 m den Wald verlassen ~ man sieht schon Rüttwies vor sich liegen ~ an der Kreuzung mit Wegweiser halb rechts für wenige Meter an der Landstraße

entlang ⇝ kurz danach links abbiegen ⇝ erst auf einem breiten Wiesenweg und nach ca. 200 m rechts halten auf einem Pfad über das Weidegelände ⇝ bald taucht der Weg wieder in den Wald ein ⇝ dem Pfad folgen ⇝ an der nächsten Wiese am Weidezaun entlang und wieder in den Wald ⇝ am Wegweiser Hoheck eine Hinweistafel zur Wiederbewaldung ⇝ man erkennt mehrstämmige Weidbuchen und die Pionierhölzer Espe, Fichte, Birke, Eberesche und Mehlbeere ⇝ an der Weide am Zaun entlang bis zum Wegweiser Horbach.

3 5,8 Über den Wiesenweg zum **Aussichtpunkt Horbach** ⇝ auf 1.000 m steht eine **Panoramakarte** zur Orientierung.

Aussichtspunkt Horbach

AUSSICHT Der Blick reicht an klaren Tagen bis ins Schweizer Jura und die Schweizer Alpen.

Die **Rastbänke** sind einladend ⤳ auf schmalem Pfad geht es kurz bergab ⤳ an der Straße links abbiegen.

Horbach

Weiter auf der Straße bergab und über den **Parkplatz** zum idyllischen **Klosterweiher**.

4 6,5 An der Gaststätte (leider geschlossen) am Klosterweiher vorbei geht es nun wieder im Wald bergauf ⤳ mitten im Wald führt der Weg zur **Friedrich-August-Grube**, einem ehemaligen Nickelbergwerk.

Friedrich-August-Grube. In dieser Grube wurde in früherer Zeit der Abbau von Nickel betrieben, heute ist sie zu einem **Besucherbergwerk** umfunktioniert. Auf den angebotenen Exkursionen können neben den kulturellen Attraktionen auch die wertvollen Flechtenvorkommen auf den ehemaligen Abraumhalden bestaunt werden. Diese zarten Geschöpfe – teils Alge, teils Pilz – gehören zu einer besonderen Art, die sich auf Schwermetalle spezialisiert haben und bundesweit nur hier vorkommen. Im Sommer gibt es an bekannt gemachten Terminen Führungen über das Gelände der Friedrich-August-Grube. Im Anschluss können mitgebrachte oder gefundene Steine aufgeschnitten und geschliffen werden. Die Natur hält hier so manche Überraschung für den Mineralienfreund bereit. Für Schulklassen und Jugendgruppen können über die Tourist-Information jederzeit Führungen mit Steineschneiden vereinbart werden.

Am Wegweiser Friedrich-August-Grube weiter bergauf ⤳ den Wald verlassen und

über eine Wiesenfläche gehen ⁓ für ca. 1,5 km nun durch freie Landschaft auf über 1.000 m Höhe ⁓ immer dem breiten Weg folgend ⁓ am Ende der Weidefläche geht es rechts einen kleinen Anstieg hinauf.

5 9,2 Am Waldrand entlang bis zu einer wunderschönen **Rastbank** mit freiem Blick über den Ort Ibach.

Ibach

Der staatlich anerkannte Erholungsort Ibach ist mit 430 Einwohnern die kleinste selbständige Gemeinde im Kreis Waldshut. Charakteristisch für Ibach ist das vom ehemaligen Feldberggletscher in der Eiszeit geformten Hochtal. Hier gibt es viele, zum Teil sehr alten Schwarzwaldhöfen mit heruntergezogenen Walmdächern.

Im Wald dann auf breitem Forstweg leicht bergab ⇝ an der Kreisstraße (K 6525) links ⇝ gleich danach die Straße wieder verlassen ⇝ rechts vorbei am **Parkplatz Schorrmättle** ⇝ dann auf dem Panoramaweg weiter bergauf ⇝ bald führt unser Weg nach links, Hinweisschild zum Aussichtspunkt Lampenschweine ⇝ weiter durch Weiden auf einem breiten Wiesenweg ⇝ am Waldrand links halten ⇝ vorbei an einer **Schutzhütte** immer dem breiten Schotterweg folgen.

6 11,5 Rechts des Weges steht das **Gipfelkreuz**.

AUSSICHT Tolle Rastbänke laden zur Pause ein. Im Norden sind die Schwarzwaldberge und im Süden das Alpenpanorama zu bestaunen. Mit Hilfe einer Panoramakarte kann man sich sehr gut orientieren. Der Platz wurde im Zuge der Waldneuordnung vom Amt für Flurerneuerung- und Landentwicklung Bad Säckingen 2003 angelegt.

Den Weg weiter auf breitem Forstweg fortsetzen ⇝ am Wegweiser Wachtbühl auf der Straße nach rechts ⇝ nach ca. 300 m links und auf einem Wiesenweg ins Tal ⇝ bald geht der Weg über in einen geschotterten Pfad, der uns entlang der Kreisstraße **K 6525** führt ⇝ beim Wegweiser Großbühl die Straße überqueren und dem Marktsteinweg leicht bergauf folgen ⇝ im Wald auf breitem Forstweg zum Wegweiser Rüttewaldkopf.

Gipfelkreuz am Schluchtensteig

7 14,0 Hier steht ein **Gedenkstein** für die Waldflurbereinigung von 2000 bis 2007 ⇝ immer weiter auf dem breiten Forstweg bergauf bleiben ⇝ an der nächsten Wegkreuzung links halten, dem Schwarzwald Stockweg folgen.

TIPP Sie haben nun den höchsten Punkt des Weges mit 1.100 m erreicht. Hier geht ein Weg zur Wehraquelle ab, Wanderer werden seit 2009 durch eine Infotafel auf die Wehraquelle unweit der Passhöhe aufmerksam gemacht.

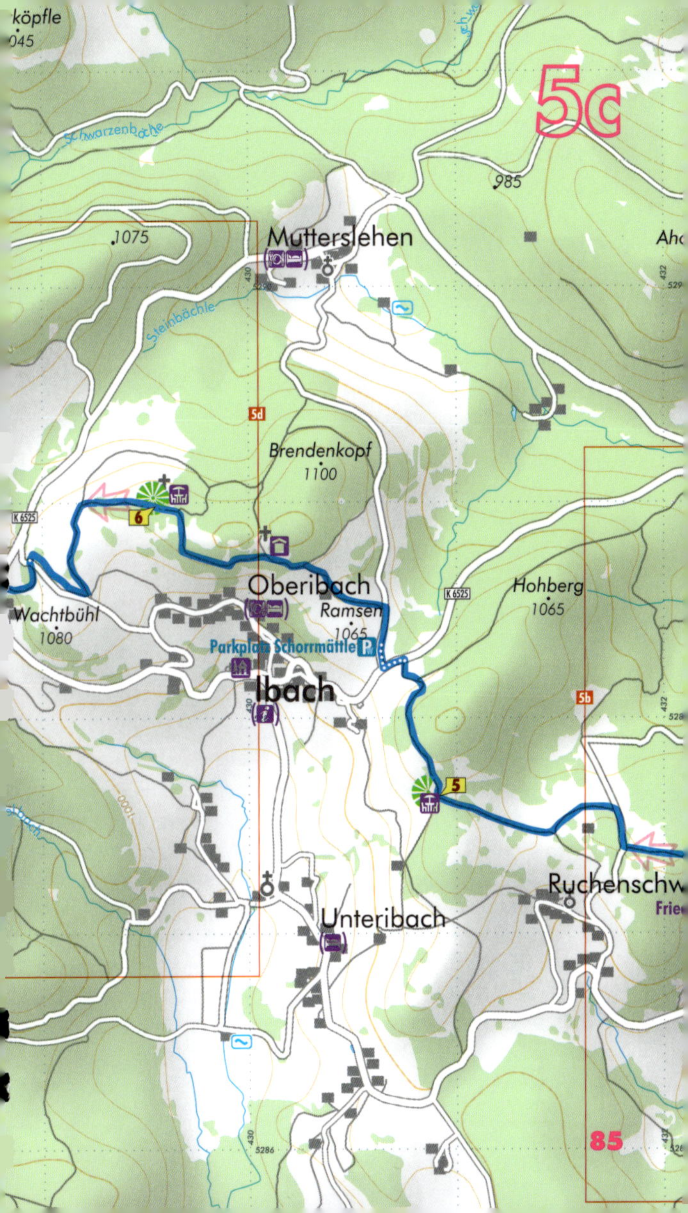
köpfle
045
5c
Schwarzenbächle
985
1075
Mutterslehen
Ahc
Steinbächle
5d
Brendenkopf
1100
6
K 6525
Oberibach
Hohberg
1065
Ramsen
1065
Wachtbühl
1080
Parkplatz Schorrmättle
Ibach
5b
5
Ruchenschw
Unteribach
1000
85

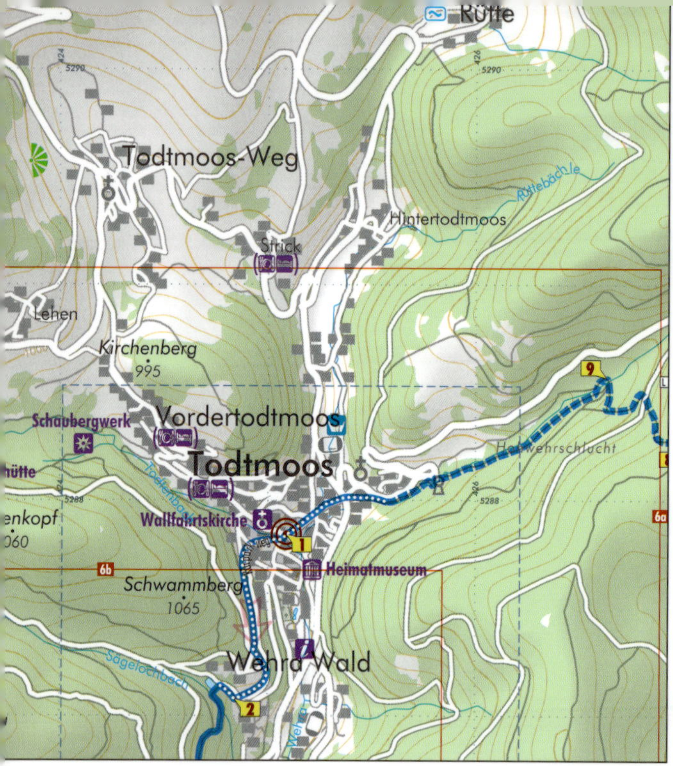

Geradeaus weiter auf breitem Weg bis zur Landstraße L 150.

8 15,8 Hier steht das **Ibacher Kreuz**.

Eine interessante Stelle ist das **Ibacher Kreuz** auf dem Hörnleberg zwischen Todtmoos und St. Blasien. Ob sich die unter dem Totenschädel in Stein gehauene Jahreszahl 1777 auf die Entstehung des Kunstwerks bezieht, ist ungeklärt. Unbekannt ist auch der Künstler. Das Ibacher Kreuz hat eine bewegte Geschichte. Lange Zeit kursierte das Gerücht, im Ibacher Kreuz sei ein Schatz versteckt. Ein Mönch aus St. Blasien soll das Geheimnis einer Hausiererin anvertraut haben. Diese sorgte für dessen Verbreitung. 1898 wurde es mit Hilfe einer Winde umgerissen. Das Gerät gehörte Theodor Bernauer aus Todtmoos-Au, den man sofort inhaftierte. Es stellte sich aber heraus, dass der wahre Täter ein Sägearbeiter war. Die Hoffnung des Täters den Schatz zu finden wurde allerdings enttäuscht. Um das Monument danach wieder zu restaurieren, wurde in St. Blasien, Ibach und Todtmoos eine Spendenaktion durchgeführt. Aus St. Blasien kamen 235, aus Ibach

Die Fahrstraße überqueren und in den Wald abbiegen ~ auf schmalem Pfad geht es nun bergab, bis Sie das Wegzeichen nach rechts ins Wehratal führt.

9 16,1 Durch die romantische **Hohwehrschlucht** führt der letzte Abschnitt der 5. Etappe ~ der Weg hüpft von einer Seite der Wehra zur anderen, über nette Brücken und durch wunderschöne Natur ~ Sie können gar nicht mehr falsch gehen, denn bald schon ist die barocke Wallfahrtskirche in Todtmoos in Sicht ~ der Weg neben der jungen Wehra endet direkt in Todtmoos bei der Metzgerei Bär.

18,4 Über die Straße ~ schon ist die verkehrsberuhigte Ortsmitte von Todtmoos mit zahlreichen Restaurants und Cafes erreicht.

Schwarzwälder Schinken

Von den Menschen im Schwarzwald wird seit über 200 Jahren Schinken hergestellt – nach einem Verfahren, das durch Salzen und Räuchern über einheimischen Nadelhölzern für Haltbarkeit und für besonderen Genuss sorgt. Schwarzwälder Schinken ist ein roher, geräucherter, knochenloser Schinken mit oder ohne Oberschale. Man erkennt ihn an seinem kräftigen roten Fleisch mit Speckanteil (ca. 1/5) und dem typischen Raucharoma, das er durch das im Schwarzwald traditionell gepflegte Räuchern über Tannenreisig erhält. Weitere Charakteristika sind der sachgemäße Zuschnitt und die gute Durchpökelung.

Schinken würzen und räuchern

Die Salz-Gewürzmischung für die Trockenpökelung besteht nach einer überlieferten Rezeptur aus Kochsalz, Pökelsalz und Naturgewürzen wie Wocholderbeeren, Pfefferkörnern, Knoblauch und Koriander. Jeder Schinken wird eingerieben und in entsprechende Behälter eingelegt. Während dieser Trockenpökelphase zieht das Salz ein, wird im Schinken verteilt und drückt die restliche Feuchtigkeit im Schinken nach außen. Dadurch bildet sich nach 3-4 Tagen eine Mutterlake. Die Schinken bleiben dann je nach Größe 2-3 Wochen in dieser Mutterlake liegen. Nun folgt der eigentliche Räuchervorgang. Der Schwarzwälder Schinken wird durch die Methode des „Kalträucherns" haltbar gemacht. Beim Kalträuchern im gemauerten Schwarzwaldkamin wird am Boden des Kamins frisches, grünes Tannenreisig, Tannenzapfen und Tannensägemehl in bestimmter Reihenfolge geschichtet und zum Glimmen gebracht. Die Räucherung hat eine konservierende und geschmackgebende Wirkung auf die Schinken. Bei einer Temperatur von 23-25°C hängen die Schinken etwa 2-3 Wochen unter Zugabe von Tannenrauch im Schwarzwaldkamin. Damit sich das feine Aroma voll entfalten kann, reift der Schwarzwälder Schinken dann in speziellen Klimaräumen bei konstanter Luftfeuchtigkeit und Temperatur ca. 2-3 Wochen nach. Nach der kompletten Reifung hat der Schinken ungefähr 28 % seines Frischgewichtes verloren und gelangt dann in den Verkauf.

Auszeichnung

Der Schwarzwälder Schinken verfügt über allerbeste Referenzen. Das beweist die Auszeichnung, die dem Schwarzwälder Schinken von der EU verliehen wurde. „g.g.A." steht für „geschützte geografische Angabe" und ist ein Herkunftsschutz, den europaweit bisher nur wenige Schinkenspezialitäten tragen dürfen.

Vesperbrett

Schinken lagern

Schwarzwälder Schinken bleibt bei richtiger Lagerung über Monate hinweg haltbar. Ganze Schinken oder größere Stücke sollten hängend in einem kühlen und trockenen Raum – am besten in einem Leinenbeutel – aufbewahrt werden (ansonsten auch in verschlossenen Vakuumpackungen haltbar).

Todtmoos

PLZ: 79682; Vorwahl: 07674

Tourist-Information Todtmoos, Wehratalstr. 19, ☎ 90600, www.todtmoos.de

Heimatmuseum, Murgtalstr. 15, ☎ 8870, ÖZ: Di, Mi, Fr, So 14.30-17 Uhr. Das „Heimethus" Todtmoos wurde in vielen freiwilligen Stunden vom „Förderkreis Heimatmuseum und Geschichte" mit sehr viel Liebe zum Detail eingerichtet. Die Gäste wandeln beim Museumsrundgang durch die Geschichte von Todtmoos und können erleben, wie in früherer Zeit die Menschen hier lebten und arbeiteten.

Wallfahrtskirche „Unserer Lieben Frau von Todtmoos". Die heutige Kirche auf dem Schönbühl entstand zwischen 1625-32. Todtmoos gehörte in den frühen Jahren zum Kloster St. Blasien, das im 18. Jh. das Pfarrhaus erbauen ließ. 1927 wurde die Kirche erweitert und erhielt dabei auch einen neuen Turm und zwei neue Seitenschiffe.

Wallfahrtskirche, Todtmoos

Bergwerk „Hoffnungsstollen", ÖZ: Mai-Okt., Sa, So/Fei 14-17 Uhr. Die Grube Todtmoos-Mättle wurde erstmalig 1798 urkundlich erwähnt. Bis zur Stilllegung im Jahr 1835 wurde in größeren Mengen Magnetkieserz im Tagebau abgebaut. Die Eröffnung des Schaubergwerkes erfolgte am 16. Juni 2000.

Internationales Schlittenhunderennen. Jedes Jahr im Januar findet ein großes internationales Schlittenhunderennen statt. Die Atmosphäre und die Eindrücke sind überwältigend. Wer irgendwann einmal selbst einen Schlitten lenken möchte, für den gibt es spezielle Musher-Kurse.

Der heilklimatische Kurort Todtmoos hat dreizehn Ortsteile. Die erste urkundliche Erwähnung des Ortes geht auf die Errichtung der ersten Kapelle in Todtmoos durch den Priester Dietrich von Rickenback im Jahre 1255 zurück. 1275 wird der Ort als Besitz der Habsburger erwähnt. 1319 kam Todtmoos als Lehen an das Benediktinerkloster St. Blasien. 1439 wird von einer Wallfahrt Basler Einwohner berichtet, an der 1.000 Personen teilgenommen haben sollen. Lange Zeit

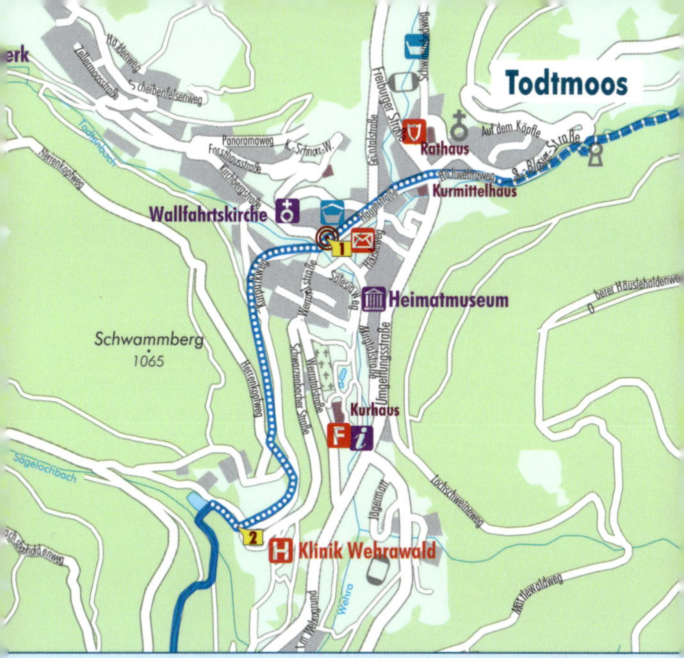

unter der Herrschaft Habsburgs, ging Todtmoos im Jahre 1806 an das Großherzogtum Baden über. Todtmoos wurde bis in die 1950er Jahre vor allem wegen seiner Lungenkuren geschätzt. Heute ist Todtmoos ein wichtiger heilklimatischer Kurort mit der entsprechenden Infrastruktur. Von großer Bedeutung für den Kurort ist das 2006 eingeweihte Reha-Zentrum „Klinik Wehrawald" der Rentenversicherung des Bundes.

Todtmoos wurde durch die seit 1975 durchgeführten Schlittenhunderennen überregional bekannt. 1994 und 2003 war Todtmoos sogar Austragungsort der Weltmeisterschaften. Ein besonderes lehrreiches und spannendes Abenteuer ist der Energiepfad, auf dem die Besucher alles über die Gewinnung umweltfreundlicher Energie erfahren können. Jeden Freitag gibt es im Sommer eine Energiepfadwanderungen durchgeführt vom Tourismusbüro mit Besichtigung des Biomasseheizwerks bei der Wehratalhalle und des Wasserkraftwerks in Todtmoos-Höfle.

Etappe 6 22,9 km

Todtmoos - Wehr

Start: Todtmoos
Ziel: Wehr
Gehzeit: 6 - 6,5 Std.
Aufstieg: 500 m
Abstieg: 960 m

Hartbelag: 12 %
Spazierwege: 55 %
Wanderpfade: 33 %

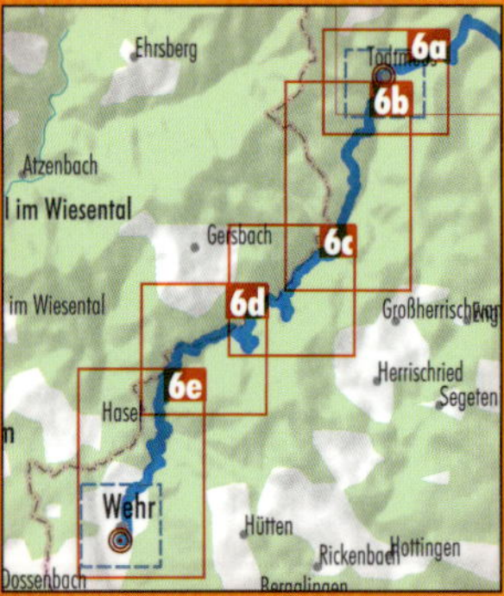

Charakteristik: An der Wallfahrtskirche „Unserer Lieben Frau" vorbei geht es hinauf zur Rehaklinik Wehrawald. Auf bequemem Waldweg erreicht man den sonnenverwöhnten Todtmooser Ortsteil Schwarzenbach. Dann geht es hinab zu den Sägewerken an der Wehratalstraße. Hier im Wehratal gab es früher sogar acht große Sägen.
Wer meint, die Wehratalschlucht auf einem Talweg zu durchwandern, hat sich getäuscht – bis zu 200 Meter hoch bauen sich die felsigen Hänge über dem Flusstal der Wehra auf. Ständig im steilen Auf und Ab geht es durch die Wehratalschlucht im Hotzenwald. Bald strahlt der Wehra Stausee Ruhe aus. Auch für den Wanderer wird es nun ruhiger und bequemer. Eben führt der Weg bis zur Weberstadt Wehr.

Wehratalstausee bei Wehr

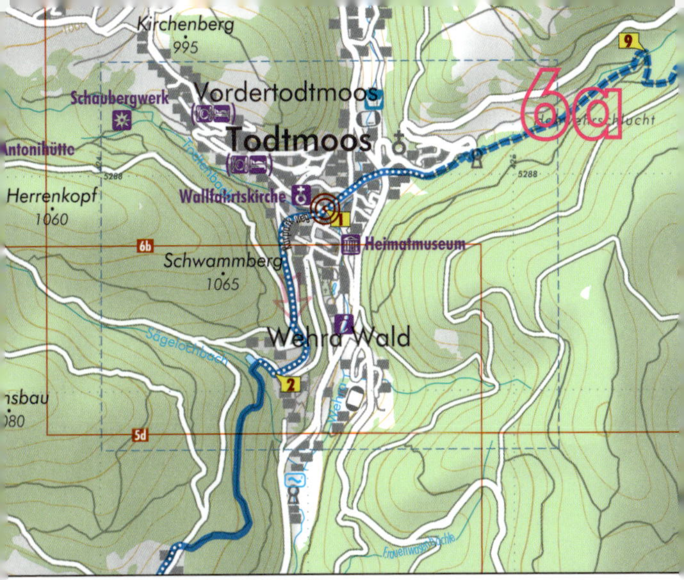

Todtmoos

1 **0,0** Durch die **Hauptstraße** nach der Volksbank rechts dem Schluchtensteig folgen (zusätzlich gelbe Raute) den **Kurparkweg** aufwärts, auf halbem Weg geht es an der **Wallfahrtskirche** vorbei oben links halten zum

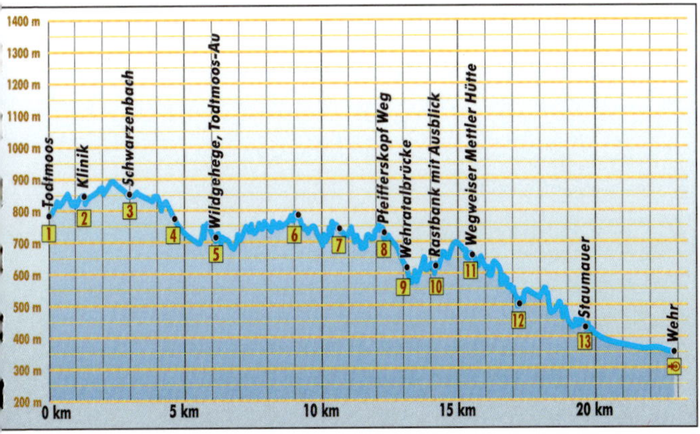

Waldrand ~ schöner Blick über die Stadt ~ auf Asphaltsträßchen durch den Wald leicht ansteigend bis zum **Rehazentrum** Klinik „Wehrawald" ~ geradeaus weiter ~ auf der Asphaltstraße leicht abwärts ~ um die Klinik herum.

2 1,3 Rechts in die **Schwarzenbacher Straße** abbiegen ~ bald links ~ nun verlassen Sie die Asphaltstraße ~ über eine kleine Wehrmauer leitet das Schild „Gasthaus zum Sternen" ~ nach der Wehrmauer links auf breitem Schotterweg ~ der Weg schlängelt sich schattig durch den Wald, Farne am Wegesrand ~ leicht ansteigend immer auf dem breiten Schotterweg bleibend kommen Sie zum Ortsteil Schwarzenbach ~ auf der Asphaltstraße nach links durch die Siedlung ~ die Hangstraße hinab direkt zum „Landgasthaus Sternen".

Schwarzenbach

Landgasthaus Sternen, ✆ 07674/ 90520, ÖZ: Di-So. Eigene Imkerei.

3 3,0 Weiter abwärts ~ den Gatterweg nach links einschlagen ~ bei Haus Nr. 9 links den Schotterweg nehmen ~ auf dem unteren Weg, dem **Neuen Hornweg**, in den Wald hinein ~ leicht abwärts, dann durch lichten Mischwald auf Halbhöhe am Hang entlang ~ rechts sehen Sie die Bäume fast aus den Steinen heraus wachsen ~ kaum zu glauben, dass die Wurzeln hier überhaupt halten.

4 4,8 Sie stoßen auf einen querenden großen Forstweg ~ danach führt ein zugewachsener Pfad weiter hinab ~ an der nächsten Kreuzung geradeaus steil abwärts ~ im Tal rattert schon das Sägewerk ~ Sie stoßen auf die Landstraße L 148, gegenüber das Sägewerk ~ auf der L 148 kurz rechts ~ nach wenigen Metern links Richtung Glashütte ~ zum ersten Mal führte der Weg heute über die Wehra, dies wird nicht das letzte Mal sein ~ bald rechts leicht aufwärts auf weichem Waldweg Richtung Todtmoos-Au.

5 6,1 Kurz vor Au grüßen im Wildgehege die Wildschweine und auch Rehe sind zu sehen ~ nach dem **Wildgehege** rechts nun auf ein Asphaltsträßchen ~ hier im lieblichen Wehratal hat sich eine buddistische Glaubensgemeinschaft angesiedelt ~ weiter abwärts, vorbei an der kleinen Kapelle von Todtmoos-Au bis zur **Wehratalstraße**.

Steinbühl
1150
Schwammberg
1065
Wehra Wald
6b
Sägelochbach
2
Dachsbau
1080
5d
Wehra
6a
Frauenwasserbächle
Schwarzenbach
3
Alter Kirchweg
Scheuerkopf
1010
Glaserberg
935
Todtmoos-Glashütte
4
L148
900
Horn
870
6c
Erlenberg
990
Wehrhalden
5
Wildgehege
Wehratalstraße
Todtmoos-Au

Todtmoos-Au

Der **Wehratalstraße L 148** nach links folgen ~ bei einem Informationshäuschen führt der Weg wieder von der Straße weg ~ auf breitem Schotterweg geht es in großen Bögen aufwärts ~ nach einer **Rastbank** auf dem Schwandhaldenweg abwärts ~ im Tal sehen Sie ein Sägewerk und die Wehra ~ erst geht es sanft, dann nochmals steiler durch lichten Mischwald nach oben ~ bei der letzten Etappe sind nochmals alle Kräfte gefragt ~ eine Bank am Wendepunkt ~ nun wieder leicht abwärts ~ nach einer Rechtskurve steigt der Weg dann abermals an.

6 9,1 Hier nehmen Sie den Wehratalweg rechts abwärts am **Rüttener Sträßle** ~ an kleinen Steinabbrüchen entlang ~ kurz vor einem großen Platz, der oft als Holzlagerplatz genutzt wird, aufpassen ~ ⚠ nicht weiter auf breitem Fortsweg abwärts, sondern links den

Wehratalstraße

Der Kur- und Wallfahrtsort Todtmoos lag früher weit weg von den großen Verkehrsadern. Er war in früheren Zeiten nur über den Hotzenwald, das Wiesental und den St.-Antonie-Pass zu erreichen. Von Süden führte nur ein Waldpfad vom Rheintal nach Todtmoos. Erst als Mitte des 19. Jahrhunderts die Straße durch das Wehratal in zweijähriger Bauzeit gebaut wurde, war Todtmoos besser angeschlossen. Der Bau der Wehratalstraße ist ein Meilenstein in der Verbindung vom Rheintal nach Todtmoos.Mit dem Bau des Lungensanatoriums Wehrawald erhöhte sich auch der Wunsch nach einer besseren Verbindung in den Kurort. Es war der Hirschenwirt **Gottfried Zumkeller** *aus Todtmoos-Au, der sich mit Weitblick dieses Problems annahm. Er übernahm den Postverkehr in seine Regie. 1902 fuhr er zunächst dreimal täglich mit den Postkutschen von Todtmoos nach Wehr und wieder zurück. Später, als sich die Motorisierung durchzusetzen begann, setzte er Wagen ein, ja sogar mit kleinen Omnibussen befuhr er die Strecke. Der Hirschenwirt war eine außergewöhnliche Persönlichkeit. Er betrieb das Gasthaus Alter Hirschen und baute in Todtmoos-Au an der Wehratalstraße das Hotel Neuer Hirschen. Hinter dem Hotel entstand ein Freischwimmbad. Der Neue Hirschen war ein gut geführtes Haus. Später wurde dieses Anwesen von der deutschen Wehrmacht als Erholungsheim benutzt. Heute ist der Neue Hirschen leider nicht mehr bewohnbar.*

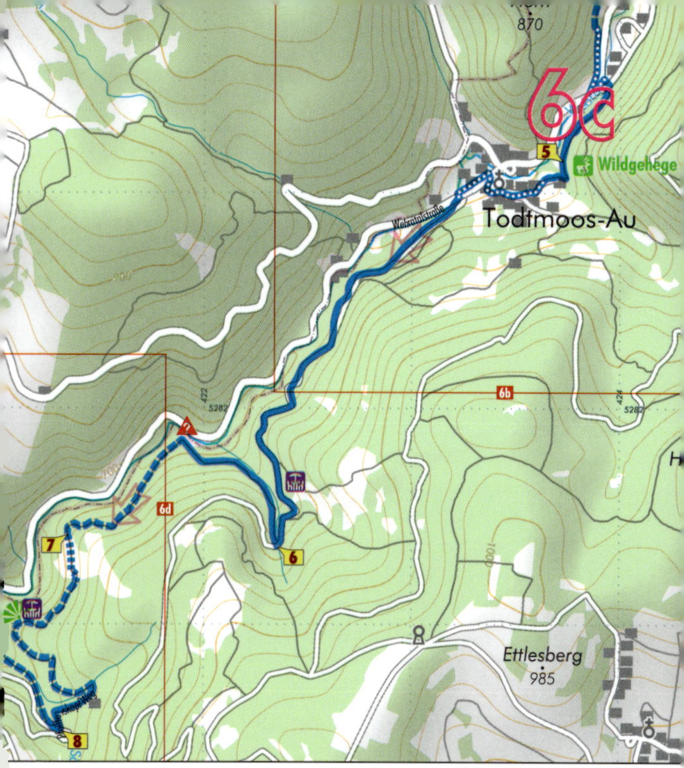

Pfad nehmen ~ der schmale Pfad schlängelt sich am Hang entlang.

TIPP Dieser Wegabschnitt ist wild-romantisch, man steht fast senkrecht über der Wehra an der Hangkante und hat über sich gigantisch große Bäume.

7 10,7 Ein Stück des Weges ist sogar drahtseilgesichert, was aber wirklich nicht nötig ist.

AUSSICHT Kurz danach haben Sie einen herrlichen Blick aus dem Wehratal hinaus – am gegenüberliegenden Hang eine große Weidefläche an der Bergkuppe.

Vorbei an komplett bemoosten Bäumen windet sich der Pfad weiter am Hang entlang ~ bald kommt ein genialer **Rastplatz**, geschützt von einem Fels können

Sie hier auf einer Holzbank Platz nehmen.

AUSSICHT Kurz nach dem Rastplatz biegt rechts ein kleiner Pfad ab zu einer kleinen Aussichtskanzel – sehr lohnender Abstecher mit Blick hinunter ins Wehratal.

Der Pfad wird breiter und schlängelt sich weiter am Hang entlang ⁓ am breiten Forstweg, dem **Pfeifferskopf Weg** rechts abwärts.

8 12,3 Sie biegen rechts auf einen schmalen Pfad ab, der wirklich wild-romantisch direkt am Bachlauf entlang geht ⁓ das Wasser rauscht, Farne und eine üppige Vegetation säumen den Weg ⁓ hier ist es immer feucht, Wanderstöcke können hilfreich sein ⁓ unten an der Brücke vorbei an einer **Informationstafel** zur Erschließung der Wehraschlucht.

Wehratalbrücke

9 13,1 Über die **Wehratalbrücke** und die Fahrstraße ⁓ dann links den Pfad am Hang entlang nach oben ⁓ jetzt leider nochmals steil aufwärts ⁓ bald ist die schlimmste Steigung geschafft ⁓ der Weg schlängelt sich nun an der Hangkante entlang, von der Sonne geschützt, zwischen hohen Bäumen ⁓ über kleine Bachläufe, bemooste Steine, Wurzeln und Tannenteppich geht es weiter nach oben ⁓ bald betreten Sie einen Bannwald – Bannwälder sind Totalreservate, hier ruht jegliche forstliche Nutzung.

10 14,3 Zunächst kommen Sie zu einer neuen **Rastbank** mit Ausblick zur Felsenhütte, die genau gegenüber auf einem Felsvorsprung liegt ⁓ eine **Holzbrücke** über den Heiterspanbach, dann über Stock und Stein bergauf ⁓ der Pfad wird breiter und die Steigung gemächlicher ⁓ über einen kleinen Bachlauf führt der Weg an der Hangkante entlang weiter.

11 15,5 Am **Wegweiser** Mettler Hütte nehmen Sie den ⚠ unteren Pfad ⁓ die Beschilderung zeigt bis Wehrastausee

Heitersbachbrücke

4,5 km, bis Wehr 8 km ~ nochmals in einen Taleinschnitt hinein und über eine **Holzbrücke** - Waldidylle pur ~ immer wieder führt der Weg ins Tal hinein ~ es geht aus dem Bannwaldabschnitt hinaus ~ der Pfad führt nun abwärts durch hohen Mischwald ~ das Tal wird breiter und der Weg auch ~ nach wenigen Metern den breiten Weg verlassen und links in einen Pfad hinein ~ nun windet sich der Pfad in Serpentinen den Hang hinunter, bis zu einer Lichtung.

12 17,2 Rechts dem breitem Forstweg folgen, vorbei an der **Azzubikanzel** ~ der breite Weg zieht sich am Hang entlang, unten können Sie schon die Wehratalstraße sehen ~ an einer großen Kreuzung links

Richtung Wehra Stausee/Wehr ⤳ der **Stolisgrabenweg** führt hinunter zum Stausee ⤳ nach dem Waldaustritt sind der Ort Wehr und die große Staumauer zu sehen ⤳ eine herrliche **Rastbank** wartet, um den Tag noch einmal Revue passieren zu lassen ⤳ noch einige Serpentinen zum Stausee abwärts.

13 19,7 Direkt über die **Staumauer** führt der Weg am Westufer, des bei Vollstau ca. 25 ha großen Sees, entlang.

Wehratalsperre. Am Ende der Wehraschlucht, etwa 7,5 km oberhalb der Mündung, befindet sich der Wehra-Stausee auf einer Höhe von etwa 420 m ü. NN. Auf einer Länge von etwa 1,35 km wird hier die Wehra zur Wasserkaftgewinnung in Verbindung mit der Hornbergstufe (Hornbergbecken etwa 1.050 m ü. NN) gestaut. Das Absperrbauwerk der Wehratalsperre ist ein Staudamm aus Steinschüttmaterial mit einer Asphaltbeton-Außendichtung. Er wurde von 1971 bis 1974 gebaut und 1975 in Betrieb genommen.

Nach der Mauer rechts überStufen abwärts ⤳ ⚠ die Stufen führen sehr lange und sehr steil bergab ⤳ unten angekommen, links der Straße folgen ⤳ an einer **Forellenzucht** vorbei zur Informationstafel mit Wissenswertem zur Wehra als Fischgewässer.

Auf dem Schotterweg zum **Schwimmbad** ⤳ an der Umzäunung rechts ⤳ über eine **Holzbrücke**, die Wehra unter Ihnen ⤳ nun immer der Wehra entlang, mal rechts, mal links vom Fluß schlängelt sich der Weg vorbei an zahlreichen Rastbänken in Richtung Stadt ⤳ auf der Straße kurz rechts ⤳ am **Gasthof** Sternen wieder hinunter zur Wehra ⤳ weiter am Fluss Richtung Stadtmitte ⤳ nur das Rauschen der Wehra begleitet Sie, sonst ist vom städtischen Lärm noch nichts zu spüren ⤳ vorbei an **Wegtafeln** über die Eisenproduktion und

Die Wehra

Die Wehra ist ein Mittelgebirgsbach, der von 11 Fisch- und einer Krebsart bevölkert wird. Man findet Bachforellen, Grope, Döbel, Gründling, Esche, Schenider, Drüsche, Barbe und Aal sowie die aus Nordamerika eingeführte Regenbogenforelle und den Signalkrebs. Der Mündungsbereich unterhalb des Wehrs gehört zur Eschenregion. Es handelt sich um ein wichtiges Laich- und Aufzuchtgebiet von Äschen.

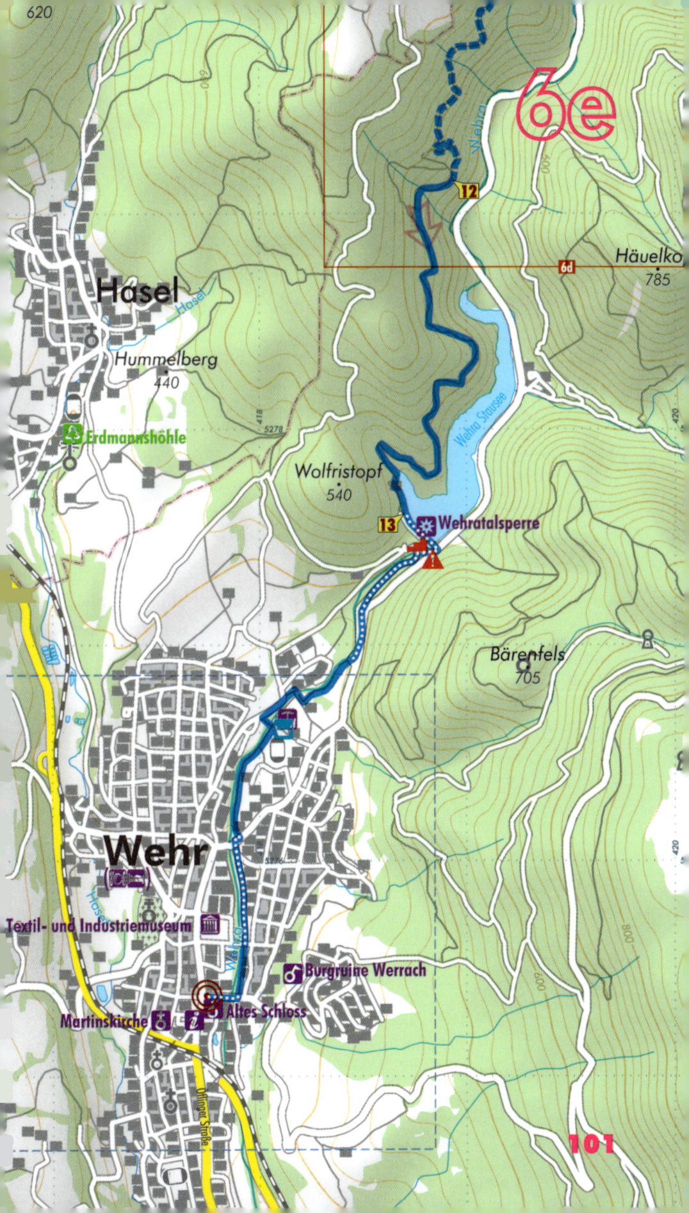

6e
12
6d
Häuelko
785
Wehra
Hasel
Hummelberg
440
Erdmannshöhle
Wolfristopf
540
Wehra Stausee
13
Wehratalsperre
Bärenfels
705
Wehr
Textil- und Industriemuseum
Burgruine Werrach
Altes Schloss
Martinskirche

Wehr

PLZ: 79664; Vorwahl: 07762

Kultur- und Verkehrsamt, Hauptstr. 16, ✆ 808601, www.wehr.de

Textil- und Industriemuseum, Im Hammer 2, ✆ 8009489. Hinter dem historischen Gasthaus Krone befindet sich auf dem Gelände der Weberei der BRENNET AG das Textil- und Industriemuseum. Die BRENNET AG ist führender Hersteller buntgewebter und stückgefärbter, modischer Bekleidungsstoffe. Beim Museum handelt es sich um die größte private Einrichtung dieser Art in Baden-Württemberg und präsentiert auf vier Stockwerken des ehemaligen Laborantenhauses sowie auf einem Stockwerk des Herrenhauses viele Ausstellungsstücke zur Geschichte der Textilindustrie und Industrialisierung Südbadens.

Martinskirche. Der erste Kirchenbau wurde vermutlich schon im frühen Mittelalter errichtet. Die Kirche wurde mehrfach umgestaltet und vor einigen Jahren grundlegend restauriert. Sie enthält in ihrer Innenausstattung Zeugnisse, die auf die alte Beziehung zu den Herren von Schönau und zum Kloster Klingental sowie zur Stadt Basel verweisen.

Schloss der Herren von Schönau. Rathausplatz mit dem Alten und Neuen Schloss der Herren von Schönau. Die drei Ringe als Insignien ihrer über 500 Jahre währenden Herrschaft sind auf vielen Grenzsteinen zu sehen, die sich im Lapidarium vor dem Alten Schloss befinden.

Burgruine Werrach. Die etwas oberhalb von Wehr gelegene Burgruine Werrach (im Volksmund auch Schlössle genannt) ist leicht zu Fuß zu erreichen und

Altes Schloss, Wehr

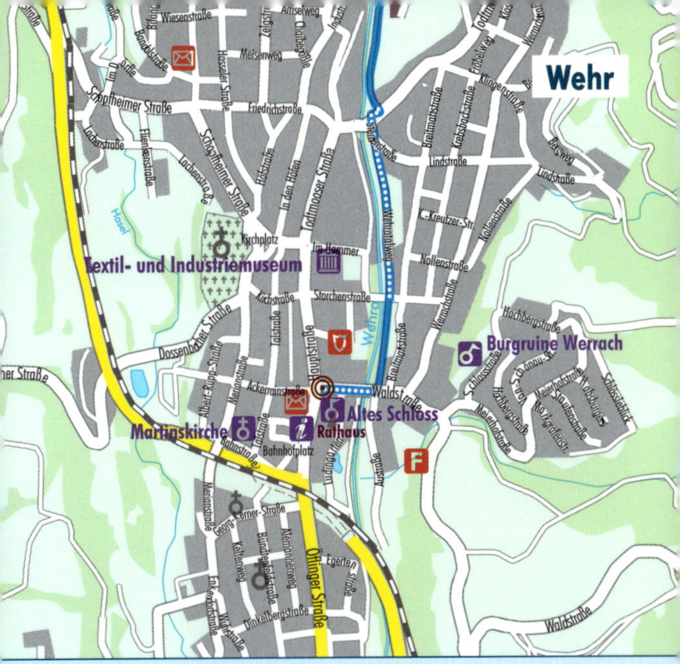

beherbergt den „Sagenpfad am Schlössle". Vom Pavillon aus genießt man einen hervorragenden Blick auf Wehr.

- Der Storchenplatz wird dominiert von der **Bronzeplastik „Viola 90"** des Bildhauers Jürgen Goertz. Das Kunstwerk ist eine Hommage an Wehrs Ehrenbürgerin Anne-Sophie Mutter und wurde von ihr persönlich enthüllt.
- Der **Walther-Brunnen** des Rheinfelder Bildhauers Leonhard Eder erinnert an den Grundherrn und Minnesänger Walther von Klingen, der in der zweiten Hälfte des 13. Jhs. lebte und mit acht Liedern in der berühmten Manessischen Liederhandschrift vertreten ist.
- Das historische **Storchehus** wurde im 16. Jh. erbaut, diente anfangs als Amtshaus und wurde dann als Wohn- und Geschäftshaus genutzt.
- Am oberen Ende der Hauptstraße liegt das **Restaurant Krone**. Das Gasthaus wurde im Jahr 1848 in ganz Deutschland berühmt, weil hier der badische Revolutionär Gustav von Struve verhaftet wurde.

das Weben ⤳ rechts über eine große Brücke.

22,9 Vorbei am schön restaurierten alten **Schloss** zum **Rathaus**. Sie sind am Endpunkt des Schluchtensteiges angelangt.

Applaus für einen Fernwanderweg der Extraklasse! Tschüss, Ade und Auf Wiedersehen Schluchtensteig.

Wehratalstausee

Wehr

Wehr liegt etwa sechs Kilometer nördlich des Hochrheins ganz nah zur Schweiz. Nördlich und östlich von Wehr erhebt sich der südlichste Teil des Schwarzwalds. Wehr nahm bei der Erschließung des westlichen Hotzenwaldes eine wichtige Rolle ein. Wehr wurde 1092 erstmals durch Adalgötz von Werrach urkundlich erwähnt, 1363 erhielt der Ort das Marktrecht. Vor der Vorderösterreichischen Herrschaft war Wehr im Besitz der Schönauer, die neben den Burgen Steinegg und Werrach die zwei Schlösser gebaut haben, in denen zur Zeit das Rathaus ist. Seit dem 13. Jahrhundert

Anne-Sophie Mutter

Die 1963 geborene Weltklasse-Geigerin Anne-Sophie Mutter kommt aus Wehr und ist Ihrer Heimatstadt noch stark verbunden. Bereits mit 7 Jahren gewann Anne-Sophie Mutter den Bundeswettbewerb „Jugend musiziert". Mit Unterstützung durch Lothar Späth wurde ihr bereits im Alter von 25 Jahren die Ehrenbürgerwürde der Stadt Wehr verliehen. Sie erhielt durch Späths Unterstützung eine Stradivari, auf der sie noch heute spielt. Nachdem Anne-Sophie Mutter u.a. durch Herbert von Karajans Förderung zum Weltstar geworden war, hielt sie immer noch enge Verbindungen zu ihrer Heimat. Für den evangelischen Pfarrer Paul Gräb und dessen Frau Hanna gibt sie immer wieder große Benefizkonzerte. Anne-Sophie Mutter ist zusammen mit Lothar Späth Stiftungsrätin der Hanna-und-Paul-Gräb-Stiftung zur Unterstützung des Hauses der Diakonie in Wehr-Öflingen. Sie hat auch die Schirmherrschaft über die Stiftung übernommen.

Altes Schloss, Wehr

bis 1805 gehörte Wehr zu Vorderösterreich. Bereits im Mittelalter gab es eine hochentwickelte Eisenproduktion, die bis ins 19. Jahrhundert betrieben wurde. Grundlagen dafür waren Holzkohle aus dem Schwarzwald und Wasserkraft, die im Wehratal reichlich vorhanden war. Später siedelte sich Textilindustrie an.

Innerhalb kurzer Zeit entwickelte sich Wehr, das 1890 an das Schienennetz angeschlossen wurde, zu einem aufstrebenden Industriedorf. Textilunternehmen wie die WEHRA AG mit ihren Webteppichen oder die BRENNET AG mit ihren buntgewebten Stoffen machten Wehr weithin als Industriestandort bekannt. Nach dem Zweiten Weltkrieg hat sich mit der CIBA (heute NOVARTIS) die chemisch-pharmazeutische Industrie angesiedelt. Der Erhebung zur Stadt 1950 stand nichts mehr im Wege.

Es freut uns ganz besonders, dass Sie für Ihre Wanderung auf dem Schluchtensteig unseren Wanderführer als Ihren Begleiter gewählt haben. Wir hoffen, dass Sie damit zufrieden waren und in Zukunft wieder einmal auf ein Buch aus unserer Hikeline-Serie zurückgreifen. Das Hikeline-Team wünscht eine gute Heimreise!

Übernachtungsverzeichnis

Dieses Verzeichnis beinhaltet folgende Übernachtungskategorien:

H	Hotel
Hg	Hotel garni
Gh	Gasthof, Gasthaus
P	Pension, Gästehaus
Pz	Privatzimmer
BB	Bed and Breakfast
Fw	Ferienwohnung (Auswahl)
Bh	Bauernhof
Hh	Heuhotel
JH	Jugendherberge, -gästehaus
Symbol Campingplatz	Campingplatz
Symbol Zeltplatz	Zeltplatz (Naturlagerplatz)

Die Auflistung erhebt keinen Anspruch auf Vollständigkeit und stellt keine Empfehlung der einzelnen Betriebe dar.

Die römische Zahl (I-VII) nach der Telefonnummer gibt die Preisgruppe des betreffenden Betriebes an.

Folgende Unterteilung liegt der Zuordnung zugrunde:

I	unter € 15,–
II	€ 15,– bis € 23,–
III	€ 23,– bis € 30,–
IV	€ 30,– bis € 35,–
V	€ 35,– bis € 50,–
VI	€ 50,– bis € 70,–
VII	über € 70,–

Die Preisgruppen beziehen sich auf den Preis pro Person in einem Doppelzimmer mit Dusche oder Bad inkl. Frühstück. Übernachtungsbetriebe mit Zimmern ohne Bad oder Dusche, aber mit Etagenbad, sind durch das Symbol ✗ nach der Preisgruppe gekennzeichnet.

Beherbergungsbetriebe, die einen Gepäcktransfer anbieten, sind mit dem Zeichen ⊟ markiert.

Da wir das Verzeichnis stets aktuell halten möchten, sind wir für Mitteilungen bezüglich Änderungen jeder Art dankbar. Der einfache Eintrag erfolgt für die Betriebe natürlich kostenfrei.

In diesem Verzeichnis sind ausschließlich Betriebe angeführt, die entweder direkt am Weg liegen, oder welche einen Transfer vom/zum Schluchtensteig anbieten – ausgenommen Campingplätze und Jugendherbergen, hier finden Sie die Entfernung zum Schluchtensteig in Klammer angeführt. Über die (möglichen) Kosten des Transfers vom/zum Schluchtensteig informieren Sie sich bitte beim jeweiligen Betrieb.

Eggingen
PLZ: 79805; Vorwahl: 07746

Gh Landgasthof zum wilden Mann, Mettingerstr. 11, ✆ 9217607, IV

Stühlingen
PLZ: 79780; Vorwahl: 07744

ℹ Stadtverwaltung Stühlingen, Schlossstr. 9, ✆ 5320

H Krone, Stadtweg 2, ✆ 929290

H Rebstock, Schlossstr. 10, ✆ 92120, V

P Gysi, An der Steig 12, ✆ 5298

Fw Novotny, Im Zelgle 22, ✆ 224, III-V

Fw Vogel, Raingärten 14, ✆ 5045

Mauchen
PLZ: 79780; Vorwahl: 07744

Gh Linde, St.Gallusstr. 37, ✆ 1255, III

P Keller, St. Gallusstr. 15, ✆ 389, I-II

Bettmaringen
PLZ: 79780; Vorwahl: 07743

Gh Adler, Steinastr. 33, ✆ 431, III

Gh Hirschen, Abt-Meister-Str. 25, ✆ 457, III

Schwaningen
PLZ: 79780; Vorwahl: 07744

H Schwanen, Talstr. 9, ✆ 5177, IV

Lausheim
PLZ: 79780; Vorwahl: 07709

Fw Graf, Hinter der Burg 3, ✆ 316

Blumberg
PLZ: 78176; Vorwahl: 07702

ℹ Touristinfo, Hauptstr. 52, ✆ 51200

H Landhotel, Hauptstr. 72, ✆ 2657, ab V

P Ursula, Pestalozzistr. 18, ✆ 753, IV

Riedböhringen
PLZ: 78176; Vorwahl: 07702

H Kranz, Kardinal-Beastr.13, ✆ 2520, ab IV

Achdorf
PLZ: 78176; Vorwahl: 07702

Gh Scheffellinde, Lindenstr. 8, ✆ 9472

Qualitätsgastgeber Wanderbares Deutschland

Gütesiegel für wanderfreundliche Gastgeber

In den Kriterien zum „Qualitätsgastgeber Wanderbares Deutschland" spiegeln sich die Bedürfnisse und Ansprüche des Wanderers von heute wider. Der Übernachtungsbetrieb wird nach 21 Kernkriterien und 15 Wahlkriterien überprüft. Dazu gehören:

- *Lage (u. a. Anschluss Wanderwegenetz, Wanderregion)*
- *Ausstattung (u. a. Klassifizierung, Trockenraum)*
- *Service (u. a. Gepäcktransport, persönliche Atmosphäre)*
- *Wanderkompetenz (u. a. Tourentipps, Wanderberatung)*
- *Wanderinformation (u. a. Kartenmaterial, ÖPNV-Pläne)*
- *Küche (gesundes Frühstück, regionale Gerichte)*

Vor Ort untersuchen vom Deutschen Wanderverband geschulte Experten die interessierten Hotels, Pensionen und Ferienwohnungen und inzwischen auch Einkehrbetriebe auf ihre Wanderfreundlichkeit ... so wird Wanderqualität deutschlandweit transparent.

Eine Auflistung der aktuell zertifizierten Qualitätsgastgeber finden Sie unter **www.wanderbares-deutschland.de**

Übernachtungsverzeichnis

Hüfingen

PLZ: 78183; Vorwahl: 0771

Stadt Hüfingen, Hauptstr. 18, 60090

Fürstenberg

PLZ: 78183; Vorwahl: 0771

H Rössle, Zähringerstr. 12, 60010, V

Gh Zum Kranz, Hüfingen, 8968015, III

Behla

PLZ: 78183; Vorwahl: 0771

H Kranz, Römerstr. 18, 92280, V

Hausen vor Wald

PLZ: 78183; Vorwahl: 07701

Gh Löwen, Alte Schloßstr. 7, 07707/338, II

Ewattingen

PLZ: 79879; Vorwahl: 07709

Gh Zum Hirschen, Hauptstr. 44, 1300, III

P Fohrenberg, Hauptstr. 8, 92930, IV

Fw Gut, Frohnwiesenstr. 11 91085

Fw Regina, Frohnwiesenstr. 9, 590

Wutachschlucht Camping, Auf dem Hinterbuck 13, 22300 (+ 2 km)

Döggingen

PLZ: 78199; Vorwahl: 07707

Gh Adler, Freiburgerstr. 13, 8291, IV

Pz Feldbergblick, Alte Römerstr. 18, 414, II

Münchingen

Fw Mellinghoff, Hofackerweg, 05121/962064

Bräunlingen

PLZ: 78199; Vorwahl: 07707

Amt für Touristik, Kultur und Sport, Kirchstr. 3, 61900

Bachheim

PLZ: 79843; Vorwahl: 07654

P Wanderheim Burgmühle, Bachheim, 553, II

Pz Insel, Dorfstr. 10, 8479, ab II

Naturfreundehaus Burgmühle, Bachheim, 553 (+ 4 km)

Unadingen

PLZ: 79843; Vorwahl: 07707

H Hirschen, Gauchachstr. 1, 999680, IV

Löffingen

PLZ: 79843; Vorwahl: 07654

Tourist-Information, Rathauspl. 14, 400

H Ochsen, Rathauspl. 12, 327, V

Gh Linde, Obere Hauptstr. 10, 354, V

Gh Ganterbräu, Obere Hauptstr. 4, 350, III

Seppenhofen

Pz Angela, Am Reichberg 35, 808001, III

Bonndorf

PLZ: 79848; Vorwahl: 07703

Touristinformation, Martinstr. 5, 7607

H Germania, Martinstr.66, 281, ab IV

H Möhringers Schwarzwaldhotel, Rothausstr. 7, 93210, ab VI

Gh Berghorst, Am Lindenbuck 1, 434, ab V

Gh Bonndorfer Hof, Bahnhofstr. 27, 920620, III

Gh Zum Kranz, Martinstr. 6, 93830 u. 481, ab V

Schullandheim Steinabad, Bonndorf, 934680 (+ 3 km)

Bonndorf, Waldallee 27, 359 (+ 3 km)

Göschweiler

PLZ: 79843; Vorwahl: 07654

Gh Schattenmühle, Schattenmühle 1, 1705, IV

Gh Alpenblick, Bergstr. 37, 7077, ab V

Pz Frey, Schattenmühle 2, 266, II

Gündelwangen

PLZ: 79848; Vorwahl: 07703

Gh Lamm, Bonndorferstr. 27, 933941, III

Pz Haus Maria Merz, Bonndorferstr. 34, 7171, ab I

Holzschlag
PLZ: 79848; Vorwahl: 07653
H Schwarzwaldhof Nicklas, Bonndorferstr. 66, ✆ 803, ab IV
Gh Reichenbächle, Am Reichenbächle 2, ✆ 1820, III
Gh Krone, Schulstr. 2, ✆ 316, III

Kappel
PLZ: 79853; Vorwahl: 07653
Pz Fable Cottage, ✆ 9643894, III
Haus Sonnhalde, Grünwälderstr. 18, ✆ 727, II

Lenzkirch
PLZ: 79853; Vorwahl: 07653
Bürgerservice und Tourist-Info Lenzkirch, Am Kurpark 2, ✆ 68444
H Margaretenhof, Kolumban-Kayserstr. 8, ✆ 1622, IV
Gh Rogg, Bonndorferstr. 61, ✆ 9600055, II
P Reger, Schwarzwaldstr. 9a, ✆ 540, II
P Rosing, Schloß-Urachstr. 4, ✆ 9143, II-III
P Schwarzwaldhaus Simmelehof, Bonndorferstr. 10, ✆ 9609803, III
P Silberdistel, ✆ 879, III
Campingplatz Kreuzhof, Bonndorferstr. 63, ✆ 1450 (+0,5 km)

Saig
PLZ: 79853; Vorwahl: 07653
H Ochsen, Dorfpl. 1, ✆ 90010, V
H Hochfirst, Dorfpl. 5, ✆ 07653/751, V
H Saigerhöh, Saiger Höhe 8-10, ✆ 6850, ab VII
Pz Luise, Vitenhofenweg 6, ✆ 9122, ab II

Fischbach
PLZ: 79859; Vorwahl: 07656
H Hirschen, Fischbach, ✆ 98940, V

Schluchsee
PLZ: 79859; Vorwahl: 07656
Tourist-Information, Fischbacher Str. 7, ✆ 7732
H Wochners Hotel Sternen, Dresselbacherstr. 1, ✆ 870, ab V
H Mutzel, Im Wiesengrund 3, ✆ 9879990, V-VI
Schluchsee-Wolfsgrund, Im Wolfsgrund 28, ✆ 329 (+ 4 km)

Unteraha
PLZ: 79859; Vorwahl: 07656
H Wellnesshotel Auerhahn, Vorderaha 4, ✆ 9745200, VI-VII

Feldberg
PLZ: 79868; Vorwahl: 07655
H Schlehdorn, Am Sommerberg 1, ✆ 91050, V-VI

Menzenschwand
PLZ: 79837; Vorwahl: 07672
P Kaiser, Hinterdorfstr. 55, ✆ 07675/469, III

Blasiwald
PLZ: 79859; Vorwahl: 07656
P Sonneck, Sommerseite 10, ✆ 347, ab III

Bernau im Schwarzwald

PLZ: 79872; Vorwahl: 07675

i Tourist-Information, Bernau, ✆ 160030

H Schwarzwaldgasthof Hotel Schwanen, Todtmooser Str. 17, ✆ 348, IV-V

Gh Löwen, Dorf-Hauptstr. 18, ✆ 277, ab IV

P Kaiserberg, Kaiserhausstr. 43, ✆ 341, ab III

P Jägerhof G, Dorfstr. 3, ✆ 727, ab IV

Fw Kaiser, Todtmooserstr. 9, ✆ 578

St. Blasien

PLZ: 79837; Vorwahl: 07672

i Touristinfo St. Blasien, Haus des Gastes, Am Kurgarten 1-3, ✆ 41430

H Dom-Hotel, Hauptstr. 4, ✆ 924690, V

H Bellevue, Am Kalvarienberg 19, ✆ 93110, ab V

H Klosterhof, Am Kurgarten 9, ✆ 480790, V

H Kehrwieder, Bötzbergstr. 2, ✆ 506, IV

P Waldeck, Albtalstr. 41, ✆ 480780, V

P Zur Schmiede, Immeneich 11, ✆ 538, IV

Häusern

PLZ: 79837; Vorwahl: 07672

H Adler, Häusern, ✆ 4170, VI

H Albtalblick, Sankt Blasierstr. 9, ✆ 93000, V

H Schöpperle, Klemme 3, ✆ 2161, V

H Schwalbennest, Schluchseestr. 8, ✆ 561, IV

H Waldlust, In der Würze 18, ✆ 480390, V

Oberkutterau

PLZ: 79837; Vorwahl: 07672

P Alte Gerbe, Oberkutterau, ✆ 1448, III

Höchenschwand

PLZ: 79862; Vorwahl: 07672

H Nägele, Bürgermeister-Huber-Str. 11, ✆ 93030, V

H Porten's Hotel Fernblick, Im Grün 15, ✆ 93020, V

Urberg

PLZ: 79875; Vorwahl: 07672

Pz Haus Kaiser F, Zum Bildsteinfelsen 4,

✆ 1479, III

Schmalenberg

PLZ: 79875; Vorwahl: 07672

Fw Büchele F, Schmalenberg 15, ✆ 2274, ab V

Wittenschwand

PLZ: 79875; Vorwahl: 07672

Touristinformation, Rathausstr.1, ✆ 990511

H Dachsberger Hof, Wittenschwand, ✆ 2647, IV

Pz Haus am Kreuzbühl F, Schmiedebachstr. 21, ✆ 9593, III

Pz Haus Pokrzywa, Wittenschwand 74, ✆ 1825, III

Pz Haus Stich, Wittenschwand 45, ✆ 679, III

Albtal

PLZ: 79837; Vorwahl: 07672

P Vogelbacher, Unterkutterau 2, ✆ 2825, IV

Wilfingen

PLZ: 79875; Vorwahl: 07672

H Hochwiesen, Birkenstr.18, ✆ 07755/93990, IV

Vogelbach

PLZ: 79875; Vorwahl: 07672

Gh Vogelbacherhof, Vogelbach 16, ✆ 07755/329, III

Ibach

PLZ: 79837; Vorwahl: 07672

Touristinformation, Am Kurgarten 1-3, ✆ 41430

Oberibach

Gh Kranz, Oberibach 8, ✆ 2406, III

Berghorst, Oberibach 24, ✆ 2007 (+ 1 km)

Unteribach

Pz Tannenhof, Unteribach 21, ✆ 481556, II

Mutterslehen

PLZ: 79837; Vorwahl: 07672

H Hirschen, Mutterslehen-bei St. Blasien, ✆ 93040, V

Todtmoos

PLZ: 79682; Vorwahl: 07674

Touristinformation, Wehratalstr. 19, ✆ 90600

H Am Kurpark, Salesiaweg 2, ✆ 909180, V

Hochkopf Hütte, Am Mühlenbach 3, ✆ 921055 (+ 4 km)

Vordertodtmoos

H Löwen, Hauptstr. 23, ✆ 90550, ab V

H Maien, Hauptstr. 2, ✆ 222, IV

H Ratsstüble, Bergleweg 1, ✆ 224, IV

H Schwarzwälder Hof, Hauptstr. 3, ✆ 92090, V

Hg Wehrahof, Hohwehraweg 1, ✆ 92960, IV

P Hanni, Kurparkweg 6, ✆ 8556, III-V

P Zimmermann, Kurparkweg 2, ✆ 90570, ab II

P Roseneck, Hauptstr. 7, ✆ 8735, III

P Europäisches Gästehaus, Kirchbergstr. 2, ✆ 410, II

Strick

H Schwarzwaldgasthof Rößle, Kappellenweg 2, ✆ 90660, VI

Herrenschwand

PLZ: 79682; Vorwahl: 07674

H Waldfrieden, Dorfstr. 8, ✆ 920930, V

Schwarzenbach

PLZ: 79682; Vorwahl: 07674

Gh Sternen, Schwarzenbach, ✆ 90520, III

Wehrhalden

PLZ: 79737; Vorwahl: 07764

Gh Wehrhalder-Hof, Höfstr. 20, ✆ 2734, ab IV

Herrischried

PLZ: 79737; Vorwahl: 07764

P Ochsen, Hauptstr. 14, ✆ 929753, ab III

Wehr

PLZ: 79664; Vorwahl: 07762

Kultur- und Verkehrsamt, Hauptstr. 16, ✆ 808601

H Klosterhof, Frankenmatt 8, ✆ 52090, V

Ortsindex

Seitenzahlen in *grüner Schrift* verweisen auf das Übernachtungsverzeichnis